아하! 바이블 큐브

시즌 3

아하! 바이블 큐브를 소개합니다

그리스도인은 기독교 신앙의 근본이 되는 내용, 곧 창조주 하나님, 구원자 되신 예수 그리스도, 보혜사 성령에 대한 확신의 근거를 성경에서 찾습니다. 그래서 기독교를 '책의 종교'라 부르고, 그리스도인을 '성서를 사랑하는 사람'이라 칭합니다.

그리스도인인 우리는 성경을 읽음으로써 기독교 신앙의 정수를 맛볼 뿐 아니라 성경을 통해 세상을 바로 보는 능력을 키웁니다. 그래서 어린 시절부터 성경을 읽는 것이 매우 중요합니다. 이와 더불어 '언제 어떻게 어떤 관점으로 성경을 읽느냐' 하는 점도 중요합니다. 성경은 우리와 전혀 다른 시대 · 문화적 배경에서 기록되었기 때문입니다.

지금까지 어린이 교회학교 교재들은 다양한 성경 읽기 방식을 사용해 왔습니다. 구약과 신약을 구분해 읽거나 시대순으로 또는 주요 인물들의 생애와 사건 등을 중심으로 성경 공부를 해 왔습니다. 새 교재 『**아하! 바이블 큐브**』는 이러한 기존 방식을 따르지 않고 성경을 입체적으로 읽도록 기획했습니다. 학기마다 하나의 주제를 선택, 그 주제와 관련한 다채로운 관점에서 성경을 배우고자 했습니다. 어린이의 신앙 발달 단계와 삶의 관심사를 고려해 주제를 선별했고, 그 주제에 관한 '입체적 성경 읽기'를 시도했습니다.

어린이들에게 익숙한 장난감 중에 '큐브'가 있습니다. 작은 조각들을 돌려가며 각 면의 색을 맞추는 큐브처럼, 우리 어린이들이 성경 말씀을 요리조리 궁리하며 흥미롭게 배운다면 어떨까 상상해 보았습니다. 한 면을 맞추고 다음 면에 도전하는 큐브의 즐거움처럼, 한 주제씩 성경을 배우다가 문득 "아하!" 하며 하나님의 뜻을 깨닫게 된다면 얼마나 기쁠까요?

큐브를 손에 쥐고 놀다 보면 어느새 공식이 깨달아져 척척 맞추게 되듯 우리 어린이들이 이 교재로 배우면서 하나님의 뜻을 알아가고 하나님의 자녀로 살아가기를, 더불어 성경이 어렵고 지루한 책이 아니라 가까이하고 싶은 재미난 책이 되길 바라는 마음을 담아 『**아하! 바이블 큐브**』라는 이름을 붙였습니다.

『**아하! 바이블 큐브**』는 6개월 단위의 시즌제로 기획했습니다. 3년 동안 6번의 시즌을 경험하면서 각 주제와 관련한 성경 이야기를 만납니다. 시즌별 주제와 각 단원을 구성할 때 그간 교회학교 교재에서 많이 다루지 않았던 사건과 인물 특히 여성, 어린이, 장애인, 외국인 같은 소수자들의 이야기를 담기 위해 노력했습니다. 이를 통해 어린이들은 역사적 성경 읽기나 인물별 성경 읽기에서 맛보지 못했던 다른 차원의 흥미와 재미, 새로움을 발견할 것입니다. 예배 설교와 각 활동도 어린이들의 일상과 구체적으로 연결되도록 모색했습니다.

지금 우리 아이들은 성경 속 인물들이 살았던 시대와 전혀 다른 문화, 다른 상황에서 살고 있습니다. 그러나 『**아하! 바이블 큐브**』와 함께 6번의 시즌을 보내며 하나님의 말씀을 생생하게 접하면, 어느 순간 우리 아이들은 성경 속 인물들과 사건이 자신의 일상과 교차되면서 겹치는 놀라운 경험을 할 것입니다. '하나님이 지금 나에게 이야기하고 계신 건가?' 하는 생각과 함께 왜 이런 이야기를 들려주시는지 사뭇 궁금해질 것입니다.

어린이의 눈높이와 수준에 맞춰 성경 말씀을 전달하고 스스로 성경책을 찾아 읽도록 역량을 키워주는 것, 이런 살아 있는 배움을 통해 우리 아이들이 하나님의 말씀과 뜻을 머리가 아닌 삶과 경험 속에서 깨달아 가기를 소망합니다.

교육 이념

- **주제 성구**
  "예수는 지혜와 키가 자라가며 하나님과 사람에게 더욱 사랑스러워 가시더라."
  (누가복음 2:52)
- **지향점 :** 세상에서 그리스도의 선한 제자 되기

성경 말씀이 오늘의 우리에게 전하는 하나님의 뜻과 가르침을 배움으로써, 하나님 앞과 세상 속에서 믿음과 삶이 일치하는 예수님의 제자로 산다.

교육 목표

- 성경 이야기를 어린이의 일상과 교차해 읽음으로써, 오늘 우리에게 말씀하시며 우리 삶에 참여하고 계신 하나님을 만난다.
- 어린이가 스스로 말씀 뜻을 찾아가도록 믿음의 역량을 키운다.

교육 구조 - CUBE

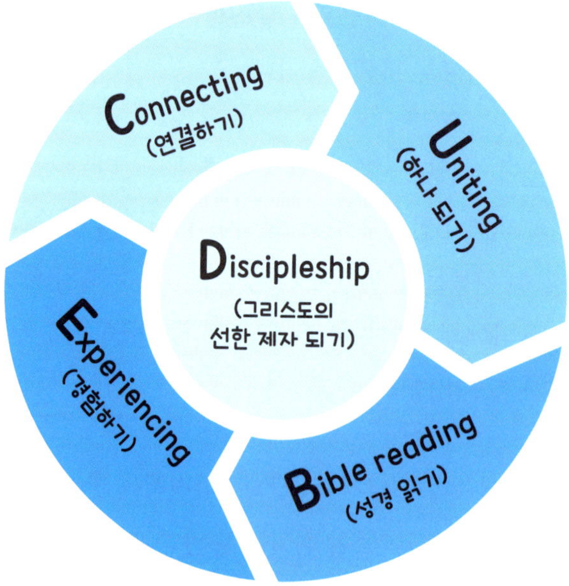

Connecting (연결하기)
: 말씀과 놀이 연결하기

Uniting (하나 되기)
: 예배로 하나 되기

Bible reading (성경 읽기)
: 설교를 들으며 성경 읽기

Experiencing (경험하기)
: 활동하며 성경 내용 경험하기

시즌	주제	내용
시즌 1 〈빨강〉	경쟁과 갈등	'경쟁과 갈등'은 지금까지 경험한 세상과 다른 세상을 만나게 함으로써 아이들을 자라게 하고 하나님의 뜻을 발견하게 합니다. 경쟁과 갈등의 상황을 경험한 성경 인물들을 찾아내어, 그들이 어려운 상황을 어떻게 극복하고 어긋난 관계를 어떤 지혜로운 방법으로 회복했는지 살펴봅니다.
시즌 2 〈초록〉	하나님의 정원	'하나님의 정원'은 하나님과 함께 아름답게 가꿔 가야 하는 세상을 의미합니다. 시즌2에서는 단원의 상징으로 삼은 나무들과 관련한 성경 이야기를 배웁니다. 다양한 나무들이 어우러져 아름다운 정원을 이루듯, 하나님의 정원에 부름 받은 아이들이 하나님 나라를 일구는 꿈나무로 자라길 기대합니다.
시즌 3 〈주황〉	짝꿍	짝을 이루는 성경 이야기들은 흥미로울 뿐 아니라 더 오래 기억할 수 있습니다. 그렇게 기억된 말씀들은 일상에서 하나님의 뜻을 떠올리게 합니다. 시즌3에서는 성경에서 짝을 이룬 사람, 사건, 물건들을 살펴보면서 성경을 새롭고 흥미롭게 배웁니다.
시즌 4 〈파랑〉	약속	성경에 나타난 다양한 약속들, 즉 개인 간에, 공동체에서, 때로는 하나님과 맺은 약속들을 찾아보면서 그 의미와 교훈들을 되새겨 보려 합니다. 약속에 담긴 하나님의 뜻을 배움으로써 하나님과의 약속을 단단히 지켜가는 아이들로 성장할 것입니다.
시즌 5 〈노랑〉	여행	성경에는 하나님의 명령으로 삶의 자리를 떠난 이들이 많습니다. 하나님이 인도하시는 새로운 여정을 통해 그들의 삶이 어떻게 변했는지를 배웁니다. 성경이 들려주는 여행 이야기는 세상 기준과 다른 믿음의 여행을 잘하도록 안내해 줄 것입니다.
시즌 6 〈연보라〉	선물	시즌6에서는 3년 동안의 과정을 마무리하며 하나님이 우리에게 주신 선물에 대해 배웁니다. 하나님께서 우리에게 넘치도록 풍성한 선물을 주시는 까닭은 필요한 이들과 함께 나누어 사용하라는 의미입니다. 우리가 받은 하나님의 선물을 잘 사용하고 넉넉히 베풂으로써 그리스도의 제자로 자라기를 소망합니다.

아하! 바이블 큐브 이렇게 사용합니다

『아하! 바이블 큐브』(총 3년 과정, 6개 시즌)

: 36개의 단원과 12개의 절기 및 기념주일

- 1시즌 (6개월 과정) : 6개의 단원과 2개의 절기 또는 기념주일
- 각 단원 (1개월 과정) : 한 주에 1과씩 총 4과 진행

『아하! 바이블 큐브』는 총 6개 시즌으로 구성했으며, 시즌마다 한 주제를 중심으로 6개의 이야기가 달마다 하나씩 펼쳐집니다. 그리고 하나의 이야기는 4개의 과로 이루어 진행됩니다. 각 시즌은 서로 다른 주제를 다루지만, 두 개의 시즌(1~2 / 3~4 / 5~6)씩 유기적으로 연결돼 있습니다. 연결된 두 시즌(1년 과정)을 학습하는 동안 교회력과 계절에 따른 주제들을 적절히 배치했고, 시즌마다 별도의 절기 및 기념주일 교육과정을 제공하여 신앙 교육의 균형을 잃지 않도록 했습니다.

- **유치부 교재 구성** (5~7세) : 『어린이용 교재』/『교사용 교재』/『설교 자료집』
- **초등부 교재 구성** (8~13세) : 『어린이용 교재』/『교사용 교재』/『설교 자료집』
- **공통 교육 자료**

1) 찬양 음원 : 시즌 주제곡 · 예배 · 절기 찬양(시즌마다 3곡 – 설교 자료집에 악보 수록),
요절송(단원마다 1곡 – 교사용과 설교 자료집에 악보 수록)

2) 영상 자료 : 설교 영상(유치부 / 초등부)과 퀴즈 영상(초등부)

3) 설교 PPT(부서별 26과)

교육국

1) 찬양 음원과 2) 영상 자료는 교육국 유튜브 채널에서 확인하고,
3) 설교 PPT는 도서출판kmc 다운로드 센터(https://kmcpress.kr) 에서 내려받아 사용합니다.

도서출판kmc

유치부 예배와 교재 활동

유치부 교재 활동은 5~10명의 어린이가 20분 동안 할 수 있도록 구성했습니다.
개체 교회 상황에 따라 활동 1과 2 가운데 하나를 선택해 진행합니다.

활동 구분	내용
요절송	단원의 주제 성구를 노래로 배웁니다.
설교	『설교 자료집』에 수록된 설교문과 설교 PPT를 통해 말씀을 배웁니다.
설교 영상	**설교를 영상으로 보기** : 교사 인력이 부족한 교회에서 영상으로 설교를 대신하거나 예배에 참석하지 못한 어린이들에게 영상을 전달해 말씀 교육에 빈틈이 없도록 합니다.
교재 활동 1	지면 활동
교재 활동 2	신체 놀이 등 체험 활동

차례

CONTENTS

짝꿍

『아하! 바이블 큐브』 시즌3 주제는 '짝꿍'입니다.

이번 시즌의 주제는 '짝꿍'입니다. 짝꿍의 사전적 의미는 '짝을 이루는 동료'나 '뜻이 맞거나 매우 친한 사람'입니다. 한국 드라마 〈오징어 게임〉이 전 세계적으로 큰 관심을 받으며 '깐부'라는 말이 널리 퍼지기도 했습니다. 깐부 역시 놀이할 때 같은 편 또는 한 팀을 뜻하는 속어입니다. 특히 어린 시절에는 이렇게 친구끼리 짝을 이루어 함께 놀기도 하고 도와주기도 합니다. 그러나 꼭 사람 사이에만 짝이 있는 것은 아닙니다.

어떤 사람을 생각할 때 함께 떠오르는 물건이 있다면, 예를 들어 마리아와 향유처럼 사람과 물건이 짝이 될 수도 있습니다. 때로는 베드로와 닭 또는 가룟 유다와 은돈 30냥처럼 좋지 않은 이미지와 짝을 이루는 경우도 있습니다. 또 사람의 외적 특징이 그와 짝이 되기도 합니다. 삼손의 머리털, 낙타털 옷을 입은 세례 요한처럼 말이죠. 어떤 경우에는 다니엘과 사자, 큰 물고기와 요나처럼 사람과 동물이 짝이 되고, 때로는 한 사람의 옛 이름과 새 이름이 짝을 이루기도 합니다. 대표적으로 아브라함을 꼽을 수 있습니다.

이번 시즌에는 이렇게 성경 인물들뿐만 아니라 사건이나 이야기에 등장하는 '짝'을 다룹니다. 예수님이 행하신 기적 이야기와 특히 사순절 기간에 예루살렘에 들어가 십자가에서 돌아가실 때까지 있었던 일들을 알아보고, 그 일들이 각각 어떤 물건과 연관되어 있는지를 살펴보면서 성경을 새롭고 흥미롭게 다시 읽어 보려 합니다.

특정한 사람이나 사건을 나타내는 표지(標識)나 물건 등을 '상징'이라고 합니다. 상징에는 약속과 합의로 만들어져 전통적으로 내려오는 것도 있지만, 어떤 특별한

시즌 3

순간에 새로운 의미가 생겨 상징이 되는 경우도 있습니다. 이는 약속이나 합의, 전통은 물론 저마다의 경험과 체험을 통해 새로운 상징이 만들어지기도 한다는 뜻입니다. 이번 시즌에 등장하는 사람, 사물, 동물은 이미 전통적이고 교회적인 의미를 가진 상징들입니다. 그러나 성경을 배우면서 어린이들 스스로 그 위에 자신의 이야기를 덧입혀 새로운 의미들을 만들어 가기를 바랍니다. 상징을 통한 신앙교육은 성경의 다양한 인물과 사건을 훨씬 쉽게 배우고 익히게 하고, 호기심과 흥미를 유발하는 데도 유용할 것입니다.

이번 시즌은 총 6개의 단원으로 구성되었으며, 각각의 제목과 주제는 아래와 같습니다.

단원	제목	주제
1단원	나를 도와주는 짝꿍	우리 곁에는 어려울 때 지혜와 위로, 도움을 주는 이들이 있다.
2단원	예수님의 기적	예수님은 지금도 여전히 놀라운 기적을 펼치신다.
3단원	예루살렘의 사람들	예수님의 예루살렘 입성 후 일주일간 있었던 이야기 (사순절)
4단원	나를 상징하는 물건	내가 가진 것이 곧 나다.
5단원	나의 동물 짝꿍	하나님은 동물을 통해서도 당신의 뜻을 펼치신다.
6단원	너의 이름은	새 이름을 주시다.

부활 주일

아직 끝나지 않은 이야기

배울 말씀 마태복음 28장 16~20절

새길 말씀 그러므로 너희는 가서 모든 민족을 제자로 삼아 아버지와 아들과 성령의 이름으로 세례를 베풀고 내가 너희에게 분부한 모든 것을 가르쳐 지키게 하라 (마 28:19~20상반절)

활동1 전하고 전하고 전해요

활동 내용	신체활동	시간	20분	인원	5명
준비물	풍선, 색 테이프				
목표	신체활동을 통해 예수님을 끊임없이 전하는 일을 연습하게 한다.				
사전 준비와 TIP	① 활동 장소에 색 테이프로 출발선과 도착선을 표시한다. ② 풍선에 바람을 넣어 묶는다. ③ 풍선을 넘기는 다양한 방법으로 활동의 난이도를 조절할 수 있다. (옆으로, 위로, 아래로, 왼-오른쪽 번갈아가면서, 위-아래로 번갈아가면서 등)				

활동2 부활하신 예수님

활동 내용	지면 활동	시간	20분	인원	개인
준비물	어린이용 교재, 풀				
목표	아직 끝나지 않은 예수님의 이야기를 전해야 함을 기억하게 한다.				
사전 준비와 TIP	① 어린이용 교재 5쪽의 그림들을 뜯어 3쪽에 붙이고 가운데 칼선을 살짝 뜯어 놓는다.				

함께 기도해요

하나님, 예수님은 지금도 우리와 함께하심을 믿어요. 예수님과 함께 더 많은 사람을 예수님의 제자로 만드는 어린이가 될래요. 우리에게 예수님을 전할 힘과 용기를 주세요. 예수님의 이름으로 기도합니다. 아멘.

활동1 전하고 전하고 전해요

아직 예수님의 이야기는 끝나지 않았어요. 우리가 예수님을 전하고, 전하고, 전하며 더 많은 사람을 예수님의 제자로 만들어야 해요. 이 시간 예수님을 전하는 놀이를 함께 해요.

활동 방법

① 출발선을 기준으로 어린이들을 한 줄로 세운다.

어린이 여러분, 여기 출발선에 한 줄로 서요. 그런데 도착선이 앞쪽에 있는 것이 아니라 등 뒤쪽에 있게 반대로 한 줄로 서 주세요.

② 뒤쪽 어린이에게 풍선을 넘기며 활동하는 방법을 설명한다.

선생님이 제일 앞에 선 어린이에게 풍선을 줄 거예요. 그러면 풍선을 받은 어린이는 바로 뒤에 있는 친구에게 풍선을 넘겨 주세요. 뒤를 돌아보지 않고 풍선을 머리 위로 넘겨요. 풍선을 넘겨 준 어린이는 얼른 움직여 줄의 제일 뒤로 가서 서요. 그렇게 차례대로 모든 어린이가 풍선을 받고 넘겨 주며 뒤로 뒤로 이동하면서 도착선까지 가는 거예요.

③ 주의 사항을 말하고 활동을 시작한다.

풍선을 넘기다가 떨어뜨리면 떨어뜨린 어린이가 풍선을 주워 와서 다시 시작하면 돼요. 차근차근 풍선을 뒤로 넘기며 이동해서 모든 어린이가 도착선 안쪽에 도착해야 해요. 그러면 시작해 볼까요? "준비, 시작!"

모두 잘했어요. 우리가 풍선을 넘기고, 넘기고, 넘겼던 것처럼, 예수님을 아직 모르는 사람들에게 예수님의 이야기를 전하고, 전하고, 또 전해요. 그래서 모든 사람이 예수님의 제자가 되게 하는 일에 쓰임받는 예수님의 제자들이 되어요.

④ 기도로 마무리한다.

활동2 부활하신 예수님

부활절이 되면, 굳게 닫힌 무덤 문을 열고 나오신 예수님을 생각하며 달걀을 먹는다고 했어요. 이 시간에는 달걀도 깨 보고, 무덤 문도 열어 보며 아직 끝나지 않은 예수님의 부활 이야기를 기억해요.

활동 방법

① 어린이용 교재에 미리 붙여 놓은 그림들 뒤에 또 다른 그림이 숨어 있음을 알려 준다.

여러분 교재에 있는 그림들 뒤에 숨겨진 그림들이 있어요. 가운데 뾰족하게 나온 끝부분을 잡고 조심조심 찢어서 어떤 그림이 숨어 있는지 확인해 볼까요?

② 위쪽 3개를 찢으며 어떤 그림들이 숨어 있는지 이야기를 나눈다.

먼저 위쪽에 있는 알과 누에고치 뒤에는 어떤 그림이 숨어 있을까요? 첫 번째, 하얀 달걀을 찢어요. 삐악삐악 병아리가 알을 깨고 나왔네요. 두 번째, 누에고치를 찢어요. 살랑살랑 나비가 날아가요. 세 번째, 파란 알을 찢으면, 뻐꾹뻐꾹! 뻐꾸기가 나왔어요.

③ 아래쪽 3개의 그림 뒤에는 누가 숨어 있는지 이야기를 나눈다.

그러면 이번에는 오늘 들은 말씀을 떠올리며 아래쪽에 숨겨진 그림들을 찾아볼까요? 아래쪽에는 어린이 여러분도 잘 아는 사람들이 숨어 있대요. 첫 번째는 무슨 그림일까요? 맞아요. 예수님의 무덤을 막고 있던 커다란 돌이에요. 커다란 돌을 찢어 치우면 누가 있을까요? 짜잔! 부활하신 예수님이 계시네요. 두 번째는 무슨 그림인가요? 똑똑똑! 문이네요. 이 문을 열면 누가 있을까요? 두려워서 숨어 있던 제자들이 부활하신 예수님 소식을 듣고 예수님을 전하러 달려가고 있어요. 마지막 그림은 성경책이네요. 성경책 뒤에는 누가 숨어 있을까요? 예수님의 이야기를 전하는 어린이들이 있었네요.

완전히 끝난 줄 알았지만 아직 끝나지 않은 예수님의 이야기! 많은 사람에게 예수님의 이야기를 전하는 예수님의 제자들이 되기를 바라요.

④ 기도로 마무리한다.

하나님이 만드신 대로

환경선교 주일

배울 말씀 창세기 1장 9~13절

새길 말씀 하나님이 이르시되 땅은 풀과 씨 맺는 채소와 각기 종류대로 씨 가진 열매 맺는 나무를 내라 하시니 그대로 되어 땅이 풀과 각기 종류대로 씨 맺는 채소와 각기 종류대로 씨 가진 열매 맺는 나무를 내니 하나님이 보시기에 좋았더라 (창 1:11~12)

활동1 하나님이 만드신 세상 지키기

활동 내용	신체활동	시간	20분	인원	10명
준비물	색 테이프, 호루라기				
목표	하나님이 만드신 세상을 지키는 어린이가 되게 한다.				
사전 준비와 TIP	① 활동 장소에 색 테이프로 출발선과 도착선을 표시한다. ② 술래 역할(왕 먼지)을 할 교사 2명을 정한다.				

활동2 약속해요!

활동 내용	만들기	시간	20분	인원	
준비물	어린이용 교재(스티커), 색연필				
목표	하나님이 만드신 세상을 지키는 방법들을 일상에서 배우고 실천하게 한다.				
사전 준비와 TIP	① 완성한 카드를 집으로 가져가 해당 장소에 부착 후, 계속해서 실천할 수 있도록 격려한다.				

함께 기도해요

하나님, 우리에게 아름다운 세상을 만들어 주셔서 감사합니다. 하나님이 만드신 세상이 더러워지거나 아프지 않도록 지키는 어린이가 될래요. 나의 손과 발로 하나님의 세상을 지키게 도와주세요. 그래서 언제나 아름다운 하나님의 세상을 보며 하나님을 찬양하게 해 주세요. 예수님의 이름으로 기도합니다. 아멘.

활동1 하나님이 만드신 세상 지키기

더러운 먼지가 하나님이 만드신 아름다운 세상을 더럽히고 있어요. 맑고 푸른 하늘이 캄캄해지고, 눈부신 해가 보이지 않아요. 콜록콜록 기침도 나요. 하나님이 만드신 세상을 아프게 하는 왕 먼지에게서 도망하며, 맑은 세상을 만드는 놀이를 해요.

활동 방법

① 왕 먼지(술래)를 소개한다.

앞에 있는 2명의 선생님이 왕 먼지가 되어 맑은 공기인 어린이 여러분을 쫓아다니며 잡을 거예요.

② 맑은 공기(어린이들)의 역할을 설명한다.

여러분은 맑은 공기예요. 선생님이 호루라기를 불면 출발선에서 도착선까지, 다시 도착선에서 출발선까지 왕 먼지를 요리조리 피해서 가요. 그런데 혹시라도 왕 먼지에게 잡히면, 여러분은 맑은 공기가 아니라 미세 먼지가 되어서 왕 먼지 뒤에 붙게 돼요. 왕 먼지 선생님의 옷을 잡고 뒤에서 따라다녀야 해요.

③ 탈출 방법까지 설명하고 활동을 진행한다.

왕 먼지에게 잡히지 않은 재빠른 맑은 공기 어린이들은 선생님이 호루라기를 불 때마다 도착선에서 출발선으로, 출발선에서 도착선으로 왔다 갔다 하면서 왕 먼지에게 잡힌 미세 먼지들을 구해 줄 수 있어요. 왕 먼지에게 잡히지 않으면서, 왕 먼지와 미세 먼지 사이를 손으로 갈라 끊으면 미세 먼지들도 다시 맑은 공기가 될 수 있어요. 선생님이 호루라기를 불 때마다 양쪽으로 움직이며 왕 먼지 몰래 미세 먼지를 구해 주세요. 모두가 미세 먼지가 되지 않도록 주의하며, 시작해 볼까요? (호루라기를 분다.)

④ 모든 어린이가 왕 먼지에게 잡혀 미세 먼지가 되면, 교사의 진행에 맞춰 다 같이 "바람이다!"라고 외치며 제자리에서 한 바퀴를 돈 후 출발선으로 돌아가 처음부터 다시 시작한다.

모두 왕 먼지를 잘 피했어요. 여러분이 왕 먼지를 잘 피한 덕분에 세상이 맑은 공기로 가득 찼어요. 하나님이 만드신 세상이 반짝반짝 깨끗하게 빛나네요. 앞으로도 하나님이 만드신 세상이 더러워지지 않도록 깨끗하고 아름답게 지키고 가꾸는 어린이 여러분이 되길 바라요.

⑤ 기도로 마무리한다.

활동2 약속해요!

하나님이 만드신 아름다운 세상을 지키기 위해 우리가 매일 할 수 있는 일들이 있어요. 그 일들을 언제나 기억할 수 있도록 약속 카드를 만들어 봐요. 만든 카드는 집으로 가져가서 잘 보이는 곳에 붙여 두고 매일 약속을 지켜요.

활동 방법

① 어린이용 교재의 그림을 보며 설명한다.

오늘 교재에는 6개의 카드가 있어요. 그리고 각각의 카드에는 하나님이 만드신 아름다운 세상을 위해 우리가 지킬 수 있는 약속이 적혀 있어요. 하나씩 확인해 볼까요? 상자에 붙어 있는 스티커나 박스테이프를 깨끗하게 떼서 버려요. 먹을 만큼만 음식을 받아서 남기지 않아요. 플라스틱, 캔, 종이 등 재활용이 가능한 쓰레기는 분리해서 따로 버려요. 휴지와 물티슈를 낭비하지 않고 아껴 써요. 양치할 때 물컵을 사용해서 꼭 필요한 만큼만 물을 써요. 쓰지 않는 곳의 전등을 꺼요.

② 카드들에 스티커를 붙이고 색칠한다.

이제 선생님이 읽어 준 카드에 스티커를 붙이고 색연필로 꾸미며 약속을 기억하기로 해요. 각 카드에 알맞은 스티커를 붙여요. 그리고 카드에 크게 적혀 있는 단어를 색칠하거나 자유롭게 꾸며요.

③ 집에 가져가서 필요한 곳에 붙여 두고 약속을 지킬 수 있게 안내한다.

여러분이 꾸민 카드를 집에 가져가서 신발장, 식탁, 화장실 문, 전등 스위치, 쓰레기통 앞 등 약속이 필요한 장소, 약속을 지킬 수 있는 곳에 붙여요. 카드를 보며 매일매일 약속을 기억하고 지켜 보세요.

하나님이 만드신 아름다운 세상을 지키는 일은 하나부터 열까지 세는 동안만, 하룻밤만 할 일이 아니에요. 매일매일 해야 하는 일이죠. 오늘 우리가 함께 한 약속을 매일매일 지키면 이 세상은 하나님이 만드신 모습대로 아름다워질 거예요. 그렇게 하나님이 만드신 세상을 아름답게 가꾸는 여러분이 되길 축복해요.

④ 기도로 마무리한다.

1 단원 나를 도와주는 짝꿍

주제 우리 곁에는 어려울 때 지혜와 위로, 도움을 주는 이들이 있다.

1단원은 힘들고 어려울 때 내게 지혜와 위로, 도움을 주는 이들에 관한 이야기입니다. 인간은 본래 홀로 살아갈 수 없으며, 혼자서 모든 일을 하는 것은 불가능합니다. 태어날 때부터 평생 주위 사람들과 도움을 주고받으며 살아갑니다. 성경의 위대한 인물들도 모두 그랬습니다. 과연 그들 곁에는 어떤 짝꿍이 있었을까요?

1과는 이스라엘 백성이 광야에서 생활하던 당시 장인 이드로가 모세를 방문했을 때의 일입니다. 이드로는 백성이 모세에게 묻고 답을 듣기 위해 아침부터 저녁까지 줄지어 서 있는 것을 보게 되었습니다. 그는 이렇게 일하다가는 모세도, 백성도 모두 지치게 될 것이라면서 백성 중에 유능한 사람을 세워 그들에게 재판을 맡기라고 했습니다. 모세는 이드로의 조언을 따랐습니다. 그 덕분에 모세는 재판의 짐을 덜고, 하나님께서 명하시는 일을 더 잘할 수 있게 되었습니다.

2과는 다윗이 맏아들 압살롬에게 쫓기던 때의 일입니다. 후새는 다윗의 신하로, 압살롬을 물리치는 데 중요한 역할을 했습니다. 다윗이 예루살렘에서 도망칠 때, 후새는 다윗의 부탁으로 다시 예루살렘으로 돌아갔습니다. 그리고 거짓으로 압살롬을 섬기면서 그의 조언자가 되어 반역을 실패로 만들었습니다. 다윗은 후에 자기를 위해 목숨을 걸고 예루살렘으로 돌아갔던 후새를 친구라고 불렀습니다.

3과는 바울이 두 번째 선교 여행 때 소아시아 루스드라(현재 터키)에서 디모데를 처음 만난 이야기입니다. 디모데의 출생 – 어머니는 유대인, 아버지는 헬라인 – 은 바울에게 전혀 문제가 되지 않았습니다. 당시 디모데는 이미 루스드라와 이고니온의 신자들에게 훌륭한 청년이라는 평판을 듣고 있었기 때문입니다. 그래서 흔쾌히 디모데와 함께 전도 사역을 시작했습니다. 누군가와 짝꿍이 되는 데 국적이나 민족은 장애가 될 수 없습니다.

4과는 아이를 낳을 것이라는 천사의 고지를 들은 마리아가 엘리사벳을 찾아간 이야기입니다. 당시 나이 많은 엘리사벳도 세례 요한을 임신한 상태였습니다. 엘리사벳은 처녀의 몸으로 임신한 마리아를 기꺼이 맞아 주고 축복해 주었습니다. 마리아는 3개월 동안 그 곁에 머물며 큰 위로를 받고 쉼을 얻었습니다.

빌립보서 2장 4절

♩=84

작곡:이화익
편곡:이화익

1단원

1 지혜로운 짝꿍

배울 말씀 출애굽기 18장 9~27절

새길 말씀 이에 모세가 자기 장인의 말을 듣고 그 모든 말대로 하여 (출 18:24)

활동1 짝꿍을 찾아라

활동 내용	지면 활동	시간	20분	인원	개인
준비물	어린이용 교재(스티커), 색 펜				
목표	일상에서 말씀을 적용할 수 있도록 가정 안에서 서로를 돕는 지혜를 생각하고, 나누고, 실천하게 한다.				
사전 준비와 TIP					

활동2 영차영차! 힘을 모아요

활동 내용	신체활동	시간	20분	인원	10명
준비물	수건(2인당 1개), 볼풀공(빨강, 파랑, 노랑, 초록, 주황 각 50개), 미니 풀장, 컬러 시트지(준비한 볼풀공 색에 맞춰서)				
목표	말씀을 기억하며, 함께 하는 것의 가치를 알게 한다.				
사전 준비와 TIP	① 제시한 볼풀공 개수는 10명 기준으로, 참여 인원수에 맞게 조정한다. ② 컬러 시트지를 원형(지름 10cm)으로 오려 수건의 한쪽 면 중앙에 하나씩 붙여 둔다. ③ 2명의 시범 교사를 정한다.				

함께 기도해요

하나님, 오늘 배운 말씀대로 살고 싶어요. 내가 생활하는 집, 유치원, 교회에서 하나님의 사랑으로 서로를 도우며 함께 살아가는 어린이가 되게 도와주세요. 이런 나의 마음을 꼭 지켜 주세요. 예수님의 이름으로 기도합니다. 아멘.

활동1 짝꿍을 찾아라

어린이 여러분, 혼자 할 때보다 짝꿍과 함께 할 때 어려운 일들을 더 잘 해결해 나갈 수 있다는 사실을 알았어요. 오늘 배운 말씀에 나온 모세와 이드로는 서로에게 귀를 기울이고 지혜를 나누어서 하나님의 일을 더욱 잘 해낼 수 있었어요. 그 밖에 또 어떤 짝꿍들이 있는지 활동을 통해 알아봐요.

활동 방법

① 그림자에 알맞은 스티커를 붙이고, 짝을 찾아 선으로 잇는다.

교재의 그림자에 알맞은 스티커를 찾아 붙이고, 뒤죽박죽 섞이고 헤어져 있는 짝꿍들을 색 펜으로 연결해 주세요. 함께할 때 더욱 빛나는 짝꿍들을 찾아보세요.

② 연결해 준 짝꿍들에 관해 이야기를 나눈다.

참 잘했어요! 모세에게 이드로는 지혜로운 짝꿍이었고, 꽃은 나비에게 꿀을 주고 나비는 꽃이 더 많은 곳에 피어날 수 있게 꽃가루를 옮겨 주는 짝꿍이죠. 우리가 튼튼하게 자랄 수 있도록 매일 식탁에서 우리 입속으로 음식을 넣어 주는 짝꿍, 숟가락과 포크도 있었어요. 또 스케치북과 크레파스가 만나면 하얀 종이가 알록달록 멋진 작품으로 변신하죠. 그리고 바닷속 흰동가리와 말미잘도 서로를 돕는 짝꿍이에요. 말미잘은 위험한 물고기에게서 흰동가리를 지켜 주고, 흰동가리는 말미잘에게 먹이를 나누어 준대요. 그리고 나와 가족은 서로를 사랑하고 도우며 살아가는 최고의 짝꿍이죠.

③ 모세와 이드로를 기억하며, 가족을 위해 내가 할 수 있는 것은 무엇인지 이야기를 나눈다. 어려워하면 아래의 예를 들어 설명해 준다.

모세와 이드로는 가족이면서 동시에 좋은 짝꿍이었어요. 그렇다면 나는 내 짝꿍인 가족을 위해 무엇을 할 수 있을까요? 예를 들면, 부모님이 바쁘실 때 동생과 짝꿍이 되어 놀아 주어요. 우리 가족 모두의 비밀 짝꿍이 되어 신발을 가지런히 정리해요. 식사 준비 짝꿍이 되어 식탁에 숟가락을 놓아요. 힘든 부모님의 짝꿍이 되어 어깨를 주물러 드려요. 우리는 바로 이런 일들을 할 수 있는 짝꿍이에요.

오늘은 집으로 돌아가서 오늘 배운 말씀과 함께 나눈 이야기들을 기억하며, 내 도움이 필요한 가족을 사랑의 눈으로 찾아보고 최선을 다해 돕는 여러분이 되길 바라요.

④ 기도로 마무리한다.

활동2 영차영차! 힘을 모아요

모세는 너무 많은 일을 혼자 하느라 무척 힘들었어요. 그러다가 이드로의 지혜로운 생각을 잘 듣고, 여러 사람과 일을 나누어 하니 쉽고 빠르게 해결할 수 있었어요. 우리도 모세와 이드로처럼 힘을 모아 척! 척! 척! 복잡하고 어려운 일들을 해결해 봐요.

활동 방법

① 진행 교사는 실수한 척 준비한 볼풀공을 바닥에 모두 쏟은 다음 이야기한다.

이런, 어쩌죠? 선생님이 공을 다 쏟고 말았어요. 원래는 미니 풀장에 넣으려고 했던 건데요. 이 많은 공을 혼자서 다 줍기는 너무 힘들 것 같아요. 어린이 여러분이 함께 도와줄 수 있나요?

② 공을 정리할 방법에 관해 이야기를 나눈다.

이 많은 공을 어떻게 하면 빨리 정리할 수 있을까요? 힌트는 오늘 말씀에 숨어 있어요. 맞아요. 일을 나누어서 함께 하는 거죠! 우리도 모세와 이드로처럼 마음을 맞춰서 공을 정리해 봐요.

③ 시범 교사들이 수건을 이용해 공을 옮기는 방법을 보여 준다. 이때 수건에 있는 시트지와 같은 색 공을 담아 옮겨야 함을 설명한다. 처음에는 한 개씩만 옮기다가 익숙해지면 여러 개를 한꺼번에 옮겨도 좋다.

선생님들처럼 두 명씩 짝을 지어 수건을 펴서 양 끝을 잡아요. 그리고 수건에 있는 시트지와 같은 색 공을 담아서 풀장으로 옮기는 거예요. 이렇게 일을 나누어 하면 많은 공을 쉽고 빨리 정리할 수 있을 것 같아요.

④ 주의할 행동들을 시범 교사들이 직접 보여 준다.

그런데 잠깐! 오늘 활동에서 아주 중요한 것이 있어요. 바로 짝꿍과 하나둘셋! 마음을 맞추어 함께 일어나고, 하나둘! 하나둘! 함께 발을 맞춰 걷는 거예요. 선생님들을 한번 보세요. 이렇게 공을 수건에 담고서 짝꿍보다 먼저 일어나면 어떻게 될까요? 또 짝꿍과 속도를 맞추지 않고 혼자 빨리 달려가면? 공이 바닥으로 떨어지고 말죠. 그러니 꼭 짝꿍과 마음을 맞추고 발을 맞춰야 해요!

⑤ 두 명씩 짝을 지어 활동을 진행한다.

자 그럼, 모세와 이드로처럼 짝꿍을 만나 시작해 볼까요? 마음이 너무 잘 맞아서 자기 팀 공을 빨리 다 넣은 팀은 아직 끝내지 못한 다른 팀의 공도 함께 옮겨서 도와주세요.

우리가 마음을 모아, 힘을 모아 함께 하니 그 어렵던 일이 금방 해결되었어요. 모두 참 잘했어요! 함께 한 짝꿍을 바라보고 참 잘했다고 이야기해 주며 하이파이브 해 봐요. 짝!

⑥ 기도로 마무리한다.

용감한 짝꿍

2 1단원

배울 말씀 사무엘하 15장 30~37절, 17장 14~16절

새길 말씀 다윗의 친구 후새가 곧 성읍으로 들어가고 압살롬도 예루살렘으로 들어갔더라 (삼하 15:37)

활동1 예루살렘 성으로!

활동 내용	지면 활동	시간	20분	인원	개인
준비물	어린이용 교재(스티커), 색 펜, 투명 테이프				
목표	힘들어 하고 슬퍼하는 친구를 돕는 용기와 방법을 알게 한다.				
사전 준비와 TIP					

활동2 용감한 짝꿍, 후새

활동 내용	신체활동	시간	20분	인원	10명
준비물	어린이용 교재, 굵은 빨대(12mm), 주름빨대(7mm), 가위, 스테이플러, 테이프, 풀, 색연필				
목표	두렵고 슬플 때, 우리를 도우시는 하나님께 기도하는 어린이가 되게 한다.				
사전 준비와 TIP	① 굵은 빨대를 자른 후(7cm), 한쪽 끝을 스테이플러로 찍고 바람이 새지 않도록 테이프로 다시 한번 붙인다. ② 지름 30cm 정도의 접시나 볼을 준비한다. 활동에 참여하는 어린이 수에 따라 크기를 자유롭게 정할 수 있다. ③ 설교 PPT에 포함된 예루살렘 성 그림을 출력하여 ②에 붙인다.				

함께 기도해요

하나님, 우리에게 두려움과 슬픔이 찾아올 때, 가장 먼저 하나님을 기억하고 기도하는 어린이가 되게 해 주세요. 또 두려움과 슬픔에 빠진 가족이나 친구와 이웃에게 따뜻한 손을 내밀 수 있는 용기도 허락해 주세요. 예수님의 이름으로 기도합니다. 아멘.

활동1 예루살렘 성으로!

어린이 여러분, 후새는 존경하고 사랑하는 다윗 왕이 어려움에 빠진 순간에도 끝까지 함께하며 도와주었어요. 그 덕분에 다윗 왕은 다시 예루살렘 성으로 돌아갈 수 있었어요. 위험한 상황에서도 용감하게 짝꿍을 도왔던 후새를 기억하며 활동해 보아요.

활동 방법

① 색 펜을 하나씩 고르고 펜에 후새 스티커를 붙인다.

말씀 속 이야기를 기억하며, 후새가 예루살렘 성까지 씩씩하게 갈 수 있도록 미로 찾기 활동을 할 거예요. 먼저 어린이 여러분이 각자 원하는 색 펜을 하나씩 고르고 펜 위쪽에 후새 스티커를 붙여 주세요.

② 시작점부터 용기 보석을 모으며 예루살렘 성(도착점)까지 간다.

후새가 가야 할 예루살렘 성에는 나쁜 마음을 가지고 다윗 왕을 해치려는 사람들로 가득했어요. 하지만 후새는 다윗을 위해 용감하게 갔어요. 구불구불한 길을 따라 반짝반짝 용기 보석을 모으며 예루살렘 성까지 가 보아요.

③ 도착한 예루살렘 성을 색칠하여 완성한다.

참 잘했어요! 도착한 예루살렘 성을 멋지게 색칠해 주세요.

④ 교재를 보며 이야기 나눈다.

어린이 여러분도 친구를 위해 용기를 낸 적이 있나요? 언제인가요? 울고 있는 친구에게 다가가 휴지를 건네주는 일, 장난감 블록이 무너져 속상한 친구를 도와 다시 함께 쌓아 주는 일, 다치거나 몸이 불편한 친구를 돕는 일, 이렇게 힘들거나 슬픔이 있는 곳에 도움을 주는 용기 있는 행동들이 바로, 예수님을 닮은 모습이랍니다.

오늘 함께 나눈 말씀과 활동을 기억하며, 유치원과 놀이터에서 후새처럼 짝꿍을 도와주는 용감한 친구들이 되길 바라요.

⑤ 기도로 마무리한다.

활동2 용감한 짝꿍 후새

어린이 여러분, 다윗이 두렵고 슬플 때 했던 일은 산에 올라가 하나님께 기도하는 것이었어요. 그때 하나님은 용감한 짝꿍 후새를 보내 주셨죠. 후새는 두려움에 빠진 다윗 왕을 위해 용감하게 행동했어요. 우리에게도 두렵거나 슬픈 일이 찾아올 때가 있을 거예요. 그럴 땐 다윗처럼 언제나 우리를 도우시는 하나님께 기도해요. 그러면 하나님께서 도와주실 거예요.

활동 방법

① 교재의 후새 그림을 뜯어낸다.
교재에 있는 후새 그림을 잘 뜯어내 주세요.

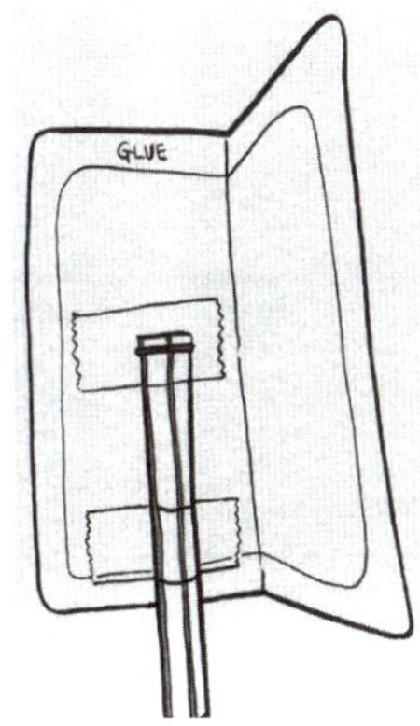

② 준비한 굵은 빨대(7cm)를 ①에 테이프로 고정하고 테두리도 풀로 붙인다.
굵은 빨대의 스테이플러 찍은 쪽이 후새 그림의 머리 쪽을 향하도록 놓고 테이프로 붙여 고정할 거예요. 그림을 반으로 접어 테두리도 풀로 꼼꼼하게 붙여 주세요.

③ 주름 빨대의 주름진 부분을 꺾어 짧은 쪽에 ②의 굵은 빨대를 모자처럼 씌운 후, 빨대의 반대편에서 불어 본다.
선생님 말씀대로 모두 잘 만들었어요. 완성한 어린이는 용기 가득 후새가 잘 날아가도록 힘차게 후~ 불어 보아요.

④ 활동 장소의 가운데에 예루살렘 성(접시 혹은 볼)을 놓고 둥글게 둘러 앉는다. 완성한 놀잇감으로 후새를 예루살렘 성에 도착시키는 놀이를 한다.
슬프고 두려운 상황에서도 다윗을 돕기 위해 예루살렘 성으로 용감하게 출발했던 후새를 떠올려요. 우리도 후새에게 용기를 후~ 힘차게 불어넣어 예루살렘 성에 도착시켜 보아요.

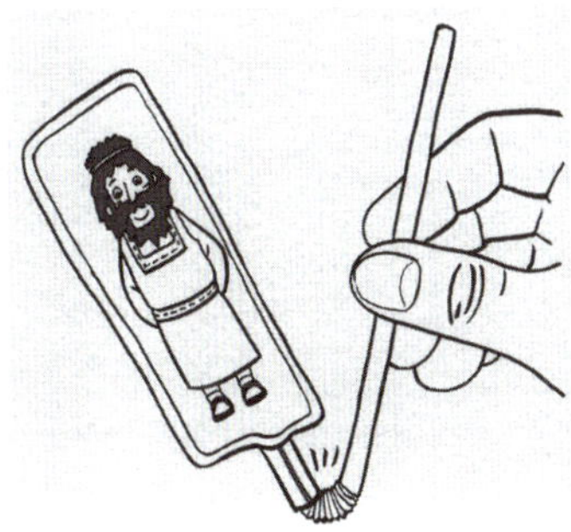

오늘 활동을 기억하며, 다윗처럼 슬프고 두려울 때 하나님께 기도하는 어린이가 되길 바라요. 또 용감했던 후새를 기억하며, 슬픔과 두려움이 있는 곳에 용감하게 손 내밀어 도울 줄 아는 여러분이 되기를 바라요.

⑤ 기도로 마무리한다.

1단원

3 믿음의 짝꿍

배울 말씀 사도행전 16장 1~5절

새길 말씀 이에 여러 교회가 믿음이 더 굳건해지고 수가 날마다 늘어가니라 (행 16:5)

활동1 하나 되어 빙글빙글!

활동 내용	만들기	시간	20분	인원	개인
준비물	어린이용 교재, 교사용 교재, 색 펜이나 색연필, 이쑤시개, 스티로폼 볼(지름 1.5cm), 목공풀				
목표	국적, 나이, 생김새와 상관없이 예수님 안에서 하나 될 수 있음을 알게 한다.				
사전 준비와 TIP	① 팽이를 하나 미리 만들어 둔다.				

활동2 사랑을 전해요

활동 내용	신체활동	시간	20분	인원	단체
준비물	교사용 교재, 세계지도, 테이프, 25cm 하트 모양 풍선(2인당 1개), 미니 풀장, 색 테이프				
목표	나와 친구가 함께 전한 복음이 땅끝까지 전해질 수 있음을 알게 한다.				
사전 준비와 TIP	① 미니 풀장 안에 세계지도와 캐릭터 그림들을 붙여 지구를 만든다. ② 풍선들은 미리 불어 준비해 놓고, 시범을 보일 교사 2명을 정한다. ③ 활동 장소에 출발선을 색 테이프로 표시하고, 반환지점에 지구 풀장을 둔다. ④ 어린이들의 활동 수준에 따라 지구 풀장까지의 동선 난이도를 조절하여 진행할 수 있다.				

함께 기도해요

하나님, 바울과 디모데처럼 우리도 예수님의 사랑으로 하나 되게 해 주세요. 하나 된 우리가 예수님의 사랑을 전할 때 그 사랑이 세계 방방곡곡에 흘러갈 수 있도록 우리를 사용해 주세요. 예수님의 이름으로 기도합니다. 아멘.

활동1 하나 되어 빙글빙글!

어린이 여러분, 바울은 아주 많은 곳에 예수님의 이야기를 전한 사람이에요. 이 일은 바울 혼자서 한 것이 아니고 중요한 짝꿍이 있었는데, 바로 '디모데'였어요. 바울과 디모데는 태어난 곳도, 나이도, 생김새도 달랐지만 예수님의 사랑으로 하나가 되었지요. 그리고 함께 여러 곳, 여러 나라에 예수님을 전했어요. 이것을 기억하며 즐겁게 팽이 놀이를 해 보아요.

활동 방법

① 어린이용 교재를 뜯고 색칠한다.

나이도, 나라도 모두 다른 다양한 사람들이 예수님의 사랑으로 함께 손잡고 있어요. 색 펜으로 알록달록 색칠해 주세요.

② 이쑤시개 한쪽에 스티로폼 볼을 꽂고 볼 위에 팽이 판을 얹는다.

스티로폼 볼 가운데에 이쑤시개의 뾰족한 부분이 들어가도록 꽂고, 그 위에 내가 멋지게 색칠한 팽이 판을 올려 보세요. 이쑤시개는 스티로폼 볼을 통과시키는 것이 아니고 절반 정도만 꽂는 것인데, 어려우면 선생님께 도와달라고 이야기하세요. 여기까지 완성한 팽이에는 목공풀을 발라 줄 테니 선생님께 가져오세요.

③ 팽이 판과 스티로폼 볼 사이를 목공풀로 고정하고, 풀이 마르는 동안 미리 만들어 둔 팽이의 그림을 보며 이야기 나눈다.

선생님이 먼저 만들어 둔 팽이를 볼까요? 그림의 가운데에는 하트가 있어요. 이것은 바로, 예수님의 사랑이에요. 예수님의 사랑은 우리를 태어난 곳, 생김새, 나이에 상관없이 하나 되게 해요. 바울과 디모데를 통해 많은 나라에 예수님의 이야기가 전해진 것처럼, 하나님은 우리 모두를 통해 하나님의 아름다운 일들을 이루어 가세요.

④ 완성한 팽이로 즐겁게 놀이한다.

서로의 손을 잡고 예수님의 사랑으로 하나 된 팽이를 빙글빙글 힘껏 돌려 보아요!

어린이 여러분, 오늘 말씀을 꼭 기억하며 예수님 안에서 하나 된 서로를 아끼고 사랑하기를 바라요. 그리고 아직 예수님을 모르는 친구나 가족, 이웃에게 좋으신 예수님을 전하는 여러분이 되기를 바라요.

⑤ 기도로 마무리한다.

활동2 사랑을 전해요

어린이 여러분, 예수님의 사랑으로 한마음이 되어 세계 여러 나라에 예수님을 전했던 바울과 디모데를 생각해 보아요. 그때 전했던 예수님의 사랑이 우리에게까지 와서 지금 우리도 예수님을 알고 믿게 되었어요. 이 사랑이 끊어지지 않도록 예수님의 사랑을 전해야 해요. 성경 속 바울과 디모데처럼 친구와 짝꿍이 되어 한마음으로 놀이해 보아요.

활동 방법

① 미니 풀장에 꾸민 지구를 보며 이야기 나눈다.

(미니 풀장을 보여 주며) 여길 보세요! 우리는 동그랗고 커다란 지구에 살고 있어요. 이 안에는 아주 많은 나라가 있고, 다양한 사람들이 살고 있어요. 그중 우리는 대한민국이라는 나라에 살고 있어요. 여러분은 어떤 나라를 알고 있나요? 여러분이 답해 준 것처럼 여기에 보이는 것보다 더 많은 나라들이 지구 안에 있어요. 바울과 디모데가 한마음이 되어 이곳저곳 여러 나라를 다니며 열심히 예수님을 전했지만, 아직도 예수님의 이야기를 듣지 못한 사람들도 많대요.

② 교사 두 명이 시범을 보이며 활동을 설명한다. 손을 사용하지 않고 풍선을 옮긴다.

두 사람씩 짝꿍이 되어 예수님의 사랑 풍선을 함께 안고 출발해요. 온 세계에 예수님의 사랑이 가득해지도록 사랑 풍선을 지구 풀장에 넣어 주세요. 이때 손으로 풍선을 만지면 안 돼요.

③ 짝꿍과 손을 잡고 돌아와 다음 팀에게 하이파이브를 하면, 다음 팀이 출발한다.

지구 풀장에 사랑 풍선 넣기를 마치고 돌아올 땐 짝꿍과 손을 잡고 오세요. 그리고 다음 차례를 기다리는 친구들에게 하이파이브를 해 주세요. 게임을 마치거나 기다리는 어린이들은 사랑 풍선을 옮기는 어린이들을 힘차게 응원해 주세요.

④ 모든 어린이가 활동을 마치면 하트 풍선으로 가득 찬 지구 풀장을 보며 이야기 나눈다.

여러분이 한마음이 되어 예수님의 사랑을 전했더니 하나님이 만드신 아름다운 지구 안 세계 여러 나라에 예수님의 사랑이 가득 채워졌어요. 잘했어요! 모두에게 칭찬 박수를 해 주세요.

우리는 아직 어려서 바울과 디모데처럼 세계 여러 나라를 다니며 예수님을 전하기는 어려워요. 하지만 우리 가까이에 있는 가족, 친구, 이웃에게 예수님을 전할 수 있어요. 나 혼자가 아니라 우리 모두가 함께 전한다면 예수님의 사랑이 한 사람, 두 사람, 세 사람, 점점 더 많은 사람에게 그리고 세계 모든 곳에 전해질 거예요.

⑤ 기도로 마무리한다.

축복의 짝꿍

4 1단원

배울 말씀 누가복음 1장 39~45절, 56절

새길 말씀 주께서 하신 말씀이 반드시 이루어지리라고 믿은 그 여자에게 복이 있도다 (눅 1:45)

활동1 똑! 똑! 축복의 문

활동 내용	만들기	시간	20분	인원	5~7명, 반별
준비물	어린이용 교재, 보석스티커, 리본 끈(너비 1cm×길이 60cm, 어린이 수만큼), 색 펜, 색연필				
목표	주변 사람들에게 축복과 사랑의 말을 전하는 어린이가 되게 한다.				
사전 준비와 TIP	① 보석스티커는 0.5cm의 작은 크기로 활동 인원수보다 넉넉하게 준비한다. ② 활동 시 사용할 잔잔하고 따뜻한 느낌의 찬양 음원을 준비한다.				

활동2 축복을 전해요

활동 내용	지면 활동	시간	20분	인원	5~7명, 반별
준비물	어린이용 교재(스티커), 색 펜				
목표	서로를 축복하고 격려하며 살아가는 것이 하나님께서 일하시는 방법임을 알게 한다.				
사전 준비와 TIP					

함께 기도해요

하나님, 우리의 입술이 축복의 통로가 되게 해 주세요. 예수님을 닮은 축복과 격려의 말로 많은 사람에게 힘이 되어 주는, 사랑이신 예수님을 전하는 어린이로 사용해 주세요. 예수님의 이름으로 기도합니다. 아멘.

활동1 똑! 똑! 축복의 문

천사를 통해 하나님의 놀라운 은혜를 전해 듣고 가슴이 콩닥콩닥 뛰던 마리아가 달려간 곳은 친척 엘리사벳의 집이었어요. 엘리사벳과 마리아는 반갑게 만나 서로를 축복했어요. 말씀을 기억하며 함께 활동해 보아요.

활동 방법

① **색 펜으로 점선 글씨를 따라 쓰고 자유롭게 색칠한다. 하트 테두리엔 보석스티커를 붙인다.**
조심조심 교재를 뜯어내어 '사랑'과 '축복'을 점선대로 써 주세요. 양쪽에 있는 문과 하트도 예쁘게 색칠해 주세요. 하트 테두리엔 하트가 반짝반짝 빛나도록 보석스티커를 붙여 주세요.

② **양쪽 문 그림이 만나도록 선에 맞춰 접어 준다.**
양쪽에 있는 문 그림이 만나서 집 모양이 되도록 표시대로 산접기와 계곡접기를 해 주세요.

③ **가운데 위, 아래 구멍들이 서로 만나게 접고 리본 끈을 연결하여 목에 건다.**
가운데 커다란 하트 위에 작은 구멍들이 있어요. 이곳에 리본 끈을 연결할 거예요. 구멍이 튼튼해지도록 위, 아래 구멍들이 만나게 접어 주세요. 선생님께 가져오면 목에 걸 수 있도록 리본 끈을 연결해 줄게요.

④ **완성한 문을 목에 걸고 이야기 나눈다.**
반짝반짝 멋있게 완성한 문은 바로 어린이 여러분의 마음문이었네요. 엘리사벳과 마리아처럼 누군가 우리 마음을 똑! 똑! 두드리면, 하나님의 사랑을 가득 담은 말로 축복해 주어요.

⑤ **자유롭게 다니며 친구들의 문을 두드리고 열어 주며 서로를 축복한다. 이때 준비한 찬양 음원을 틀어 놓는다.**
이제 자유롭게 다니며 친구, 선생님, 전도사님, 모든 사람을 찾아가 똑! 똑! 문을 두드려요. 그리고 나의 문을 두드리는 사람을 향해 문을 활짝 열며 "사랑해요! 축복해요!"라고 말해요. 찬양이 멈추면 마무리하고 자리로 돌아오세요.

우리 유치부가 여러분의 축복과 사랑의 말들로 가득 차서 아주 따뜻해졌어요. 오늘 만든 나의 마음문을 가져가서 사랑하는 가족과 친구들에게도 축복과 사랑의 말을 전하는 여러분이 되기를 바라요.

⑥ **기도로 마무리한다.**

활동2

축복을 전해요

하나님의 은혜로 아기를 품고 서로를 축복하고 격려한 엘리사벳과 마리아를 기억하죠? 후에 태어난 두 사람의 아기는 어떻게 자라났을까요? 또 하나님께서는 이 아기들을 통해 무슨 일을 하셨을까요?

활동 방법

① 어린이용 교재의 그림들을 보며 이야기 나눈다.
오늘 들었던 말씀에 나온 인물들이 그려져 있어요. 누구인가요? (어린이들의 답을 듣고) 네, 맞아요! 천사, 마리아, 엘리사벳, 두 아기가 있네요.

② 실타래를 따라가 연결된 그림자를 보고 알맞은 스티커를 붙여 이야기를 완성한다.
점선 실타래를 따라가면 주인공에게 어떤 일이 있었는지 알 수 있어요. 도착한 곳의 그림자에 맞는 스티커를 찾아 붙이고, 누가 누구를 찾아갔는지 무슨 일이 있었는지 알아보아요. 들은 말씀을 놀이를 하면서 한 번 더 기억해 보세요.

③ 스티커를 다 붙여 완성한 그림을 보며 이야기 나눈다.
모두 참 잘했어요. 그럼, 선생님이 어린이 여러분에게 퀴즈를 낼게요. 답해 보세요.

Q1. 천사는 누구를 찾아갔나요? 바로 마리아였어요. 그림은 어떤 내용인가요? 맞아요. 마리아를 찾아가 하나님의 아들을 낳을 것이라는 축복의 소식을 전해 주었지요. 친척 엘리사벳의 소식도 알려 주었고요.

Q2. 마리아는 누구를 찾아갔나요? 천사의 말을 기억했다가 친척 엘리사벳의 집을 찾아갔지요.

Q3. 엘리사벳은 똑! 똑! 문 두드리는 소리에 어떻게 했나요? 문을 활짝 열고 마리아를 반갑게 맞아 주었어요. 두 사람은 많이 달랐지만 서로를 이해하며 축복했고, 엘리사벳이 아기를 낳기 전까지 함께 지냈어요.

Q4. 여기 있는 두 아기는 누구일까요? 네, 맞아요. 아기 예수님과 아기 세례 요한이에요. 두 아기는 쑥쑥 자라났어요. 엘리사벳의 아들 세례 요한은 하나님의 아들 예수님이 이 땅에 오실 것을 사람들에게 미리 알렸어요. 그리고 예수님께서는 세례 요한에게 세례를 받으시고 하나님의 일을 시작하셨답니다.

하나님의 일은 이해하기 어렵고 힘들 수 있지만, 서로를 축복하고 격려하는 힘으로 용기를 주시며 함께하세요. 그렇게 하나님의 놀랍고 아름다운 일들을 끝까지 이루어 나가세요. 바로 그것이 하나님의 방법이랍니다. 나와 함께하는 주변의 모든 사람과 서로를 축복하고 격려하며 살아가는 여러분이 되기를 바라요.

④ 기도로 마무리한다.

2 단원 예수님의 기적

주제 예수님은 지금도 여전히 놀라운 기적을 펼치신다.

성경에는 예수님이 일으키신 놀라운 기적 이야기들이 많습니다. 2단원에서는 그중 동물이나 상징과 함께 기억되는 네 가지 이야기를 배웁니다. 특히 1~3과의 기적 이야기는 공관복음서에 모두 등장하는데, 이는 기적이 예수님의 사역에서 중요한 한 축이었음을 말해 줍니다.

1과는 가다라 지방에서 있었던 일로, 이곳에서 예수님은 해안 절벽 무덤가에 살던 귀신 들린 두 사람을 고쳐 주셨습니다. 가다라는 헬라파 사람들이 주로 살던 지역이었기에 유대인들은 이곳 주민을 배척했습니다. 그러나 예수님은 그들에게도 천국 복음을 전해 주셨습니다(마 4:25; 막 5:20; 7:31).

2과는 예수님이 회당장 야이로의 딸을 고쳐 주신 이야기입니다. 그의 집에 도착했을 때 열두 살 된 딸은 이미 죽어 있었습니다. 그러나 예수님은 소녀가 죽은 것이 아니라 잔다고 하시면서 "달리다굼!"이라고 하셨고, 그 말씀에 소녀는 살아났습니다. 달리다굼은 '소녀야, 일어나라'라는 뜻의 아람어인데, 마가복음에 이 말이 그대로 기록되었습니다.

3과는 예수님의 가르침을 듣고 병 고치는 은사를 보려고 많은 사람이 모였을 때 일어난 일입니다. 뇌졸중(중풍)에 걸린 병자를 데려온 사람들은 인파를 뚫고 집 안으로 들어갈 수 없자 지붕으로 올라가 기와를 벗겨내고 들것째 병자를 내렸습니다. 친구를 살리고자 최선을 다한 그들의 믿음을 보신 예수님은 병을 고쳐 주실 뿐 아니라 그의 죄까지 용서해 주셨습니다. "일어나 네 침상을 가지고 집으로 가라." 예수님의 말씀에 전신이 마비되어 꼼짝도 못 하던 병자가 일어나 자기가 누웠던 들것까지 들고 하나님께 영광을 돌리며 돌아갔습니다.

4과는 요한복음에만 등장하는 이야기입니다. 시몬 베드로를 비롯한 여러 제자들이 부활하신 예수님을 만난 후 고향으로 돌아가 디베랴 호수에서 고기잡이를 하고 있었습니다. 밤새도록 그물을 내렸지만 한 마리도 잡지 못한 제자들에게 어떤 이가 다가오더니 그물을 배 오른편에 던지면 잡을 것이라고 했습니다. 제자들은 그가 누구인지 몰랐지만, 그대로 했더니 정말 많은 물고기를 잡게 됐습니다. 이후 그가 바로 예수님이라는 사실을 알게 된 제자들은 예수님과 함께 생선과 떡을 나누어 먹었습니다. 그때 잡은 물고기를 세어 보니 153마리였습니다.

마가복음 5장 36절

작곡:이화익
편곡:이화익

2단원 1

예수님을 만나면

배울 말씀 마가복음 5장 1~20절

새길 말씀 큰 소리로 부르짖어 이르되 지극히 높으신 하나님의 아들 예수여 나와 당신이 무슨 상관이 있나이까 원하건대 하나님 앞에 맹세하고 나를 괴롭히지 마옵소서 하니 (막 5:7)

활동1 예수님을 만나면, 나는?

활동 내용	만들기	시간	20분	인원	6명
준비물	동그라미 모양 뻥튀기(어린이 수보다 넉넉하게), 초코 펜, 과자, 젤리, 스마트폰(혹은 카메라)				
목표	예수님을 만난 것 자체가 기쁨임을 알게 한다.				
사전 준비와 TIP	① 활동하기 10분 전, 사용할 초코 펜을 따뜻한 물에 담가 놓으면 편리하다. ② 뻥튀기를 올려놓고 활동할 동그란 큰 접시를 준비해 두면 좋다.				

활동2 예수님의 이름으로!

활동 내용	신체활동	시간	20분	인원	6명
준비물	책상, 천 1장(준비한 책상 상판 정도의 크기), 페트병 3개(500ml)				
목표	예수님의 이름에 힘이 있다는 사실을 알게 한다.				
사전 준비와 TIP	① 500ml 페트병에 물을 1/3정도 담아 둔다.				

함께 기도해요

하나님, 감사합니다. 예수님이 누구신지 알게 되고 예수님을 만날 수 있다는 것이 너무 기뻐요. 예수님과 함께 매일매일 기쁘게 살아가는 어린이가 되게 해 주세요. 예수님의 이름으로 기도합니다. 아멘.

활동1 예수님을 만나면, 나는?

여러분, 우리가 예수님이 누구신지 알게 되고 예수님을 만날 수 있다는 것은 큰 기쁨이에요. 예수님을 만났을 때, 나는 어떤 표정을 짓고 있을까요?

활동 방법

① 어린이들에게 기쁜 표정을 지어 보게 한다.

어린이 여러분은 기쁠 때 어떤 표정을 짓나요? 만약 지금 우리가 예수님을 만난다면 어떤 기분일까요? 엄청 기쁘겠죠? 최고로 기쁜 일이겠죠? 예수님을 만난 어린이 여러분의 기쁜 표정을 한 번 더 보여 주세요.

② 뻥튀기를 하나씩 나눠 준다.

선생님이 동그란 뻥튀기 과자를 하나씩 나눠 줄 거예요. 뻥튀기 과자 위에 여러분이 지었던 표정을 상상하며 그림을 그려 볼 거예요.

③ 초코 펜과 준비한 과자들로 기쁜 얼굴을 표현하게 한다.

초코 펜으로 그리거나 초코 펜을 풀처럼 사용해 여러 가지 과자들을 붙여서 어린이 여러분의 기쁜 얼굴을 표현해 봐요. 옆 친구에게 내 표정과 닮았는지도 물어 보세요.

④ 완성한 얼굴 과자를 들고 같은 표정을 짓게 해 사진을 찍어 준다.

직접 만든 얼굴 과자를 들고 같은 표정을 지어 볼까요? 선생님이 차례대로 사진 찍어 줄게요.

예수님을 만나는 것은 정말 기쁜 일이에요. 어린이 여러분이 오늘 맛있는 과자를 먹으면서 재미있게 과자로 기쁜 표정들을 표현한 것처럼 말이에요. 재미있고 기쁜 이 기분을 잊지 말고 기억해요.

⑤ 기도로 마무리한다.

활동2 예수님의 이름으로!

어린이 여러분, 귀신 들린 사람이 예수님을 만나고는 변화되었어요. 귀신이 그 사람에게서 빠져나갔거든요. 예수님의 이름에는 귀신을 쫓아내는 힘이 있어요. 그러니 힘차게 "예수님의 이름으로!"라고 외치는 활동을 해 볼까요?

활동 방법

① **책상에 천을 깔고 그 위에 물을 담은 페트병 1개를 올려 둔다.**
선생님이 책상에 천을 깔고 그 위에 물을 담은 페트병을 올려 두었어요.

② **천 양쪽 끝을 잡은 후 세워져 있는 페트병을 쓰러트리지 않고 천만 빼내는 도전을 한다. 가장 어린 어린이부터 순서를 정해 1명씩 도전한다.**
이제 페트병을 쓰러트리지 않고 천만 빼내는 미션에 도전할 거예요. 사람에게서 귀신만 나간 것처럼, 페트병이 쓰러지지 않도록 천만 잘 빼내야 해요! 모두 집중해서 천만 빼내 보아요. 가장 어린 어린이부터 앞으로 나와서 책상 앞에 서 볼까요?

③ **순서가 된 어린이가 나와서 "도전!"을 외치면 나머지 어린이들은 "예수님의 이름으로!"라고 외친다. 모든 어린이가 골고루 도전할 수 있게 진행한다.**
도전을 하는 친구가 시작하기 전에 "도전!"이라고 외치면, 나머지 어린이들은 "예수님의 이름으로!"라고 크게 외쳐 주세요. 자, 시작해 볼까요?

④ **페트병 개수를 3개까지 늘리면서 난이도를 높여가도 좋다.**
너무 잘하는걸요? 페트병을 늘려도 천을 잘 빼낼 수 있을지 한번 도전해 보아요!

페트병을 쓰러트리지 않고 천을 빼내는 것이 어려웠나요? 조심조심 빼는 어린이도 있고, 힘을 주어 단번에 휙! 빼는 어린이도 있었어요. 실패하기도 했지만 다들 집중해서 열심히 잘했어요. 사람 안에 있던 귀신을 단번에 빼내신 예수님을 기억해요. 예수님은 우리에게도 놀라운 일을 해 주실 거랍니다.

⑤ **기도로 마무리한다.**

예수님만 믿으면

2단원

배울 말씀 마가복음 5장 21~23절, 35~43절

새길 말씀 그 아이의 손을 잡고 이르시되 달리다굼 하시니 번역하면 곧 내가 네게 말하노니 소녀야 일어나라 하심이라 (막 5:41)

활동1 야이로의 표정

활동 내용	지면 활동	시간	20분	인원	6명
준비물	어린이용 교재(스티커)				
목표	예수님을 믿고, 예수님과 함께하면 늘 행복하다는 것을 알게 한다.				
사전 준비와 TIP	① 정답이 없는 활동이므로 어린이들의 선택을 존중하고 선택의 이유를 들어 준다.				

활동2 달리다굼!

활동 내용	신체활동	시간	20분	인원	10명
준비물	색 테이프, 반환점(방석 혹은 고깔), 풍선				
목표	예수님은 죽은 사람도 살리시는 분임을 알게 한다.				
사전 준비와 TIP	① 활동 장소에 색 테이프로 출발선을 표시하고 반환점도 정하여 표시한다.				

함께 기도해요

하나님, 오늘도 놀라운 일을 행하시는 예수님을 알게 하시니 감사합니다. 두려운 마음에 떨려도 예수님을 기억하고 예수님께 기도하는 어린이가 되게 해 주세요. 예수님의 이름으로 기도합니다. 아멘.

활동1

야이로의 표정

어린이 여러분, 오늘 말씀 잘 들었나요? 선생님이 야이로에게 하루 동안 일어난 여러 가지 일들을 한 줄씩 읽어 줄게요. 들으면서 야이로의 표정이 어떻게 바뀌었을지 상상해 보세요.

활동 방법

① 한 줄 설교를 차례대로 읽어 준다.

선생님이 야이로의 이야기를 한 문장씩 읽어 줄 거예요. 그림을 순서대로 보며 잘 들어 보세요.

한 줄 설교

야이로는 예수님을 찾아가 아픈 딸을 고쳐 달라고 했어요.
야이로의 집으로 가던 중 오랫동안 병을 앓던 여자가 나음을 받았어요.
여자가 병 고침을 받은 일 때문에 집으로 가는 시간이 늦어졌어요.
야이로의 집에서 사람이 와서 딸이 죽었다고 전해 주었어요.
야이로는 그 자리에 주저앉았어요.
예수님은 야이로에게 두려워하지 말고 믿으라고 하셨어요.
야이로의 집에 도착한 예수님은 소녀를 보시고는 잔다고 말씀하셨어요.
예수님이 야이로의 딸에게 "달리다굼!"이라고 말씀하시자 소녀가 다시 살아났어요.

② 한 줄 설교를 듣고 문장마다 해당 그림의 칸에 표정 스티커를 붙이게 한다. 한 문장씩 천천히 동일하게 진행한다.

선생님이 읽어 주는 이야기를 들으며 야이로가 어떤 표정을 짓고 있을지 생각해 보아요. 생각했다면 표정 스티커를 골라서 붙여 주세요. 여분의 스티커에 직접 그려서 붙여도 좋아요. 같은 이야기를 들었지만, 각자가 생각하는 표정은 모두 다르네요. 다음 한 줄 설교를 읽어 줄게요.

③ 야이로의 마지막 표정에 동그라미 치게 한다.

야이로의 마지막 표정에 동그라미를 쳐 볼까요? 여러 가지 표정을 지었지만, 그래도 마지막 표정은 엄청 기뻐 보이네요. 처음과는 달리 왜 기쁜 표정으로 바뀌었을까요? 함께 이야기를 나눠 봐요.

두려워하지 말라는 예수님의 말씀을 믿었을 때, 걱정하고 슬펐던 야이로의 표정이 기쁨으로 바뀌는 것을 보았지요? 어린이 여러분, 예수님은 우리의 걱정과 슬픔도 기쁨으로 바꾸어 주시는 분임을 잊지 말고 기억해요!

④ 기도로 마무리한다.

활동2 달리다굼!

어린이 여러분, 달리다굼의 뜻을 기억하나요? 맞아요. '소녀야, 일어나라!'라는 뜻이에요. 죽은 것이 아니라 자는 것이라고 말씀하신 예수님께서 소녀에게 하셨던 말씀이지요. 우리도 한번 다 같이 외쳐 볼까요? 달리다굼!

활동 방법

① 팀을 나누고 활동 순서를 정하여 출발선 뒤쪽에 순서대로 앉게 한다.

팀별로, 순서대로 출발선 뒤쪽에 한 줄로 앉아 보세요.

② 출발선에 2명의 어린이가 풍선을 들고 앉게 하고 활동 방법을 설명한다.

이번 활동은 앉아서 출발하는 거예요. 앉은 상태로 손으로 풍선을 튕기며 앞으로 가요. 엉덩이를 바닥에서 떼면 안 돼요! 그렇게 반환점을 향해서 가다가 선생님이 "달리다굼!"이라고 외치면 그 때부터는 일어서서 풍선을 튕기며 앞으로 갈 수 있어요.

③ 풍선이 바닥에 떨어져도, 엉뚱한 곳으로 굴러가도 괜찮다고 격려하고, 반환점을 돌아 출발선으로 돌아오면 다음 어린이가 출발하게 한다.

풍선이 바닥에 떨어져도 괜찮아요. 엉뚱한 곳으로 굴러가도 괜찮아요. 선생님이 "달리다굼!"이라고 말하는 순간에 집중하며 열심히 반환점을 돌아오세요. 출발선으로 들어오면 다음 주자가 시작할 수 있어요. 마지막 주자가 먼저 들어오면 승리해요. 모두 힘을 내요.

이제 '달리다굼'이라는 말은 잊어버리지 않겠는걸요? 하지만 어린이 여러분, 그 말뿐만 아니라 그 말씀을 하신 예수님은 죽은 사람도 다시 살리실 수 있는 멋진 분이라는 것도 꼭 기억해요.

④ 기도로 마무리한다.

2단원

3 예수님께 나아가면

배울 말씀 누가복음 5장 17~20절, 25~26절

새길 말씀 예수께서 그들의 믿음을 보시고 이르시되 이 사람아 네 죄 사함을 받았느니라 하시니 (눅 5:20)

활동1 내 몸이 움직여요

활동 내용	지면 활동	시간	20분	인원	6명
준비물	어린이용 교재, 색 펜, 할핀(소형301, 1인당 7개), 투명 테이프				
목표	예수님을 만나면 아픈 사람도 건강해진다는 것을 알게 한다.				
사전 준비와 TIP					

활동2 힘을 합쳐요

활동 내용	신체활동	시간	20분	인원	단체
준비물	색 테이프, 다양한 공, 공을 담을 상자 2개, 튀김용 젓가락(39cm 정도 길이)				
목표	함께 할 때 더 큰 일을 할 수 있다는 것을 알게 한다.				
사전 준비와 TIP	① 색 테이프로 출발선을 표시하고 반환점에 빈 상자를 1개 둔다. ② 출발선에 여러 가지 공을 담은 상자를 둔다. 콩, 탁구공, 볼풀공, 테니스공, 풍선, 탱탱볼, 배구공 등을 다양하게 준비한다. 한 종류의 공으로만 진행해도 좋다.				

함께 기도해요

하나님, 감사합니다. 우리가 생각할 수도 없는 놀라운 일을 행하시는 예수님을 전하는 어린이가 되게 해 주세요. 그리고 우리도 예수님을 통해 놀라운 일을 경험하도록 도와주세요. 예수님의 이름으로 기도합니다. 아멘.

활동1 내 몸이 움직여요

몸을 움직일 수 없던 사람이 예수님을 만나고는 자유롭게 움직이기 시작했어요. 얼마나 신기하고 기뻤을까요? 그 사람은 제일 먼저 어떤 자세로 몸을 움직여 봤을까요? 어떤 행동을 하고 싶었을까요?

활동 방법

① 어린이용 교재를 뜯고 얼굴에 눈, 코, 입을 그린다.

교재의 인형들을 조심조심 뜯어 주세요. 그리고 예수님을 만나 비로소 몸을 자유롭게 움직일 수 있게 된 사람의 표정은 어땠을지 상상하여 얼굴에 색 펜으로 눈, 코, 입을 그려 보아요.

② 인형의 관절 끝에 있는 그림을 확인하여 같은 것끼리 겹쳐서 할핀으로 연결한다.

이제 중요한 작업이에요. 팔과 다리를 연결하는 중요한 일이에요. 선생님이 충분히 도와줄게요. 걱정하지 마세요. 관절 양쪽 끝에 여러 가지 모양이 그려져 있죠? 같은 모양끼리 겹쳐서 구멍을 뚫고 할핀을 넣어 연결할 거예요. 할핀은 뾰족하니까 다치지 않도록 조심하세요.

③ 할핀 끝에 다치지 않도록 핀 고정 후 투명 테이프로 덮어 붙인다. 교사들은 각 어린이의 관절 인형이 잘 완성되었는지 확인한다.

할핀으로 고정한 다음에는 뾰족한 부분에 다치지 않도록 핀의 끝부분에 투명 테이프를 붙여 주세요.

④ 몸을 움직이게 된 사람이 제일 먼저 했을 것 같은 자세를 해 보게 한다.

오늘 말씀 속에서 드디어 몸을 움직이게 된 사람은 제일 먼저 어떤 자세, 어떤 행동을 하고 싶었을까요? 완성한 관절 인형으로 그 자세를 만들어 보세요.

우와! 정말 멋진 모습들이네요. 자기 스스로 팔과 다리를 움직이게 된 사람은 정말 행복했을 것 같아요. 예수님은 몸이 불편하거나 심한 병에 걸린 사람들도 깨끗하게 치료해 주시는 분이에요. 우리 어린이들도 주변에 아픈 친구가 있다면 치료의 능력자이신 예수님께 기도하는 어린이들이 되길 바라요.

⑤ 기도로 마무리한다.

활동2 힘을 합쳐요

어린이 여러분, 오늘 말씀 속의 친구들은 몸을 움직이지 못하는 친구를 들것에 실어 예수님 앞으로 데리고 갔어요. 그 친구들처럼 우리도 힘을 합쳐서 여러 가지 공을 옮겨 볼까요?

활동 방법

① **두 팀으로 나누고 2명씩 짝이 되도록 하여 활동 순서를 정한다.**
팀마다 2명씩 짝꿍을 정하고 순서대로 앉아 보세요.

② **출발선에 짝꿍과 마주 보고 서서 나무젓가락 한 쌍의 양 끝을 두 손으로 잡는다.**
짝이 된 친구와 함께 젓가락을 가지고 출발선 뒤에 나란히 서 보아요. 그리고 마주 보고 서서 한 손에 하나씩 젓가락을 마주 잡아요. 왼손에도 하나, 오른손에도 하나!

③ **마주 잡은 젓가락 위에 공을 하나씩 올려 준다. 활동 방법을 설명하고 릴레이로 진행한다. 5개의 공을 먼저 옮긴 팀이 승리한다.**
짝꿍과 마주 잡은 젓가락 위로 공을 올려 줄 거예요. 젓가락 두 개가 너무 붙어 있으면 어려워요. 왼손과 오른손을 주먹만큼 벌려야 젓가락 위에 공을 올릴 수가 있어요. 이제 짝꿍과 함께 조심조심 걸어가 반환점에 있는 상자에 공을 옮겨 보세요. 공을 반환점 상자에 넣고 돌아오면 다음 순서의 어린이들이 출발합니다.

④ **공의 종류를 바꾸어 난이도를 조절한다.**
두 명씩 짝을 지어서 호흡을 맞추어 공을 옮겨 보니 어땠나요? 혼자서 옮기는 것보다 더 안정적이고 쉬웠죠? 들것으로 아픈 친구를 옮겼던 친구들은 어땠을지 이야기 나눠 봐요.

여러분이 짝꿍과 호흡을 맞추어서 조심조심 공을 너무 잘 옮겨서 깜짝 놀랐어요. 예수님 앞에 아픈 친구를 데리고 갔던 친구들도 여러분과 같았을 거예요. 오랫동안 아픈 친구에게 예수님을 꼭 만나게 해 주고 싶은 마음뿐이었을 거예요. 어린이 여러분에게도 예수님을 만나게 해 주고 싶은 친구가 있나요? 예수님을 꼭 소개해 주세요!

⑤ **기도로 마무리한다.**

나를 만나러 오시는 예수님

4 2단원

배울 말씀 요한복음 21장 5~14절

새길 말씀 시몬 베드로가 올라가서 그물을 육지에 끌어 올리니 가득히 찬 큰 물고기가 백쉰세 마리라 이같이 많으나 그물이 찢어지지 아니하였더라 (요 21:11)

활동1 물고기 초대장

활동 내용	만들기	시간	20분	인원	6명
준비물	어린이용 교재, 색 펜, 양면테이프, 플라스틱 눈, 폼폼이, 플라스틱 단추, 스팡클, 컬러 빨대 등				
목표	좋으신 예수님을 모르고 있는 친구에게 전해야 함을 알게 한다.				
사전 준비와 TIP	① 폼폼이, 플라스틱 단추, 스팡클은 종류별로, 컬러 빨대는 2cm씩 잘라서 모아 둔다.				

활동2 물고기를 잡아요

활동 내용	신체활동	시간	20분	인원	10명
준비물	어린이용 교재, 스톱워치				
목표	예수님은 우리가 행복하길 바라신다는 것을 알게 한다.				
사전 준비와 TIP	① 카드를 뒤집기 편하게 모서리 한 부분을 접어 놓는다. ② 활동 범위를 여유롭게 하여 부딪혀 다치지 않게 한다.				

함께 기도해요

하나님, 감사합니다. 우리에게 항상 놀라운 일을 경험하게 하시는 예수님을 기억하고, 내일은 또 어떤 놀라운 일들이 일어날지 기대하며 살아가는 어린이가 되게 해 주세요. 예수님의 이름으로 기도합니다. 아멘.

활동1 물고기 초대장

베드로는 물고기가 잡힌 것을 보고 예수님을 알아봤어요. 그 이후로 사람들은 물고기 모양을 예수님을 믿는다는 표시, 암호로 사용했다는 것을 배웠지요? 우리도 그 암호, 사용해 볼까요? 짜잔! 물고기 모양의 초대장이에요. 예수님을 모르는 친구에게 함께 예수님을 만나자고 편지를 써 봐요.

활동 방법

① **어린이용 교재를 뜯는다.**
어린이 여러분, 조심조심 물고기를 뜯어 봐요. 특히 꼬리 쪽을 조심히 뜯어 주세요. 완성하면 어떤 물고기가 될까요?

② **예수님을 전하고 싶은 친구에게 편지를 쓴다.**
물고기 뒤쪽에 편지를 쓸 수 있는 칸이 있어요. 예수님을 아직 모르는 친구에게 예수님을 소개하는 짧은 편지를 적어 보아요. 함께 교회에 나와 예배하자고 말이에요.

③ **플라스틱 눈 등 여러 가지 재료로 물고기를 꾸민다.**
물고기 초대장을 전해 줄 친구를 생각하며 양면테이프로 플라스틱 눈도 붙이고 여러 가지 재료들을 이용해 물고기를 멋지고 예쁘게 꾸며 주세요. 그러고 나서 꼬리 부분의 칼선을 엇갈리게 고정하면, 물고기 완성!

마음을 담은 알록달록 멋지고 예쁜 물고기 초대장을 완성했어요! 이 멋진 초대장을 받으면 너무 기분이 좋을 것 같아요. 우리에게 놀라운 일을 경험하게 하시는 예수님을 주변에 전하는 어린이들이 되길 소망해요.

④ **기도로 마무리한다.**

활동2 물고기를 잡아요

예수님 말씀 한마디에 153마리의 물고기가 잡혔어요. 밤새도록 고생한 제자들에게 기쁨과 행복이 찾아왔지요. 예수님이 우리에게도 말씀하시네요. 우리는 얼마나 많은 물고기를 잡을 수 있을까요?

활동 방법

① 어린이용 교재를 뜯는다.

물고기 카드를 찢어지지 않도록 조심히 뜯어 주세요.

② 색별로 2장씩 보이도록 바닥에 놓는다.

물고기 카드를 모두 바닥에 놓아 볼까요? 빨간색 물고기가 보이게 2장, 초록색 물고기가 보이게 2장, 이렇게 놓아 주세요.

③ 어린이들을 두 팀으로 나눈다.

빨간색 물고기 팀과 초록색 물고기 팀으로 나누어요. 그리고 팀별로 모여서 자리에 앉아 보세요.

④ 교사의 신호에 맞춰 1분 동안 자기 팀 물고기가 보이게 카드를 뒤집는다.

선생님이 "시작!"이라고 외치고 1분을 세는 동안, 어린이 여러분은 자기 팀 물고기가 보이도록 카드를 뒤집는 거예요. 빨간색 팀은 빨간색 물고기가 보이게, 초록색 팀은 초록색 물고기가 보이게요. 1분 후 더 많이 보이도록 뒤집은 팀이 승리합니다. 옆 친구와 부딪치지 않도록 조심해요. 준비되었나요? 그럼, 시작!

⑤ 1분 후 모두 멈추고 색별로 세서 더 많은 팀이 승리한다. 색을 바꾸어서 한 번 더 진행할 수도 있다.

어린이 여러분 모두 손이 안 보일 정도로 빠르던데요? 어느 팀이 물고기를 더 많이 잡았는지 한 번 세어 볼까요? 모두 잘했어요. 이번에는 물고기 색을 바꾸어서 해 봐요.

제자들이 예수님 말씀에 순종했을 때 물고기가 많이 잡힌 것처럼, 우리도 예수님 말씀을 잘 따르면 예수님의 놀라운 일들을 경험할 수 있어요. 언제나 예수님 말씀에 귀를 기울이는 어린이들이 되어요.

⑥ 기도로 마무리한다.

3 단원

예루살렘의 사람들

주제 예수님의 예루살렘 입성 후 일주일간 있었던 이야기

3단원에서는 사순절과 관련된 상징들을 통해 예수 그리스도의 수난 이야기를 배우고, 그 의미를 생각해 봅니다. 시간 순서를 따르면, 4과에서 다루는 예수님이 어린 나귀를 타고 예루살렘에 입성하시는 이야기가 가장 먼저이고, 2~3과는 그 후 예루살렘에서 일어난 일입니다. 그러나 교회력의 종려주일에 맞추어 예루살렘 입성 이야기를 가장 마지막으로 배치했습니다.

1과는 예수님이 베다니 시몬의 집에서 식사하실 때의 이야기입니다. 한 여인이 나드 향유 한 옥합을 가지고 찾아오더니 예수님의 머리에 모두 부었습니다. 당시 나드 향유는 아주 값비싼 물건이었습니다. 제자들은 비싼 향유를 왜 낭비하느냐 발끈하며 분통을 터뜨렸습니다. 그러나 예수님은 그의 행동이 당신의 장례를 위한 일이라고 하시면서, 복음이 전파되는 곳마다 그가 한 일도 기억하게 될 것이라고 하셨습니다.

2과는 가룟 유다 이야기입니다. 예수님을 팔아넘길 생각을 하던 그는 결국 그 일을 실행에 옮겼습니다. 예수님을 팔고서 은돈 30냥을 받았습니다. 그러나 예수님이 돌아가신 후 양심의 가책을 느끼며 자기 행동을 후회했습니다. 예수님을 넘겨준 대가로 받은 돈을 제사장과 장로들에게 돌려주려 했지만 그들이 받지 않자 성소에 던져버리고는, 나가서 스스로 목숨을 끊었습니다.

3과는 예수님이 끌려가실 때 있었던 일입니다. 제자들은 모두 혼비백산하여 예수님을 버려두고 도망쳤습니다(마 26:56). 베드로는 예수와 함께 있는 모습을 봤다는 사람들의 말에 세 번이나 그를 모른다고 부인하고, 저주하며 맹세까지 했습니다. 그때 닭이 울었고, 그제야 베드로는 예수님이 하셨던 모든 말씀이 생각나 하염없이 흐느껴 울었습니다.

4과는 예수님이 예루살렘에 입성하시는 장면입니다. 어린아이부터 어른까지 많은 사람이 자기 겉옷을 벗어 길에 깔고 종려나무 가지를 흔들며 호산나를 외쳤습니다. 기쁜 마음으로 왕을 영접할 때 외치는 소리입니다. 그러나 예수님은 자신이 그들이 기대하는 메시아와 다르다는 사실을 보여 주시기 위해 평화의 동물인 나귀를 타셨습니다. 이후 사람들은 자신들의 기대와 다른 예수님을 한 치의 망설임도 없이 버렸습니다. 그러나 예수님은 그들을 끝까지 사랑하셨고, 하나님께서는 마침내 예수님을 다시 살리셨습니다.

로마서 5장 8절

작곡:이화익
편곡:이화익

3단원

1 나의 마음을 다해서!

배울 말씀 요한복음 12장 1~8절

새길 말씀 마리아는 지극히 비싼 향유 곧 순전한 나드 한 근을 가져다가 예수의 발에 붓고 자기 머리털로 그의 발을 닦으니 향유 냄새가 집에 가득하더라 (요 12:3)

활동1 마음을 담아서

활동 내용	만들기	시간	20분	인원	5명
준비물	어린이용 교재, 색 펜, 습자지(3~4가지 색), 방향제 혹은 향수(스프레이형), 풀, 리본 끈, 각종 꾸미기 스티커				
목표	향유병 만들기를 통해 말씀을 잘 기억하게 한다.				
사전 준비와 TIP	① 방향제 혹은 향수는 저렴한 것을 구매하거나 집에서 사용하지 않는 것을 활용한다. ② 습자지에 뿌린 향이 사라지면 덧뿌리면서 계속 사용할 수 있다.				

활동2 예수님을 향한 우리의 마음

활동 내용	지면 활동	시간	20분	인원	5명
준비물	색지(다양한 색으로 어린이 수만큼), 색 펜, 물감, 일회용 접시, 물티슈				
목표	사순절의 의미를 알고 어떻게 보내야 할지 마음에 새기게 한다.				
사전 준비와 TIP	① 미리 서약서의 내용을 작성하여 색지에 출력한다. (내용은 활동 방법 참고) ② 물감 대신 스탬프 패드를 사용하여 손도장을 찍을 수 있다. ③ 어린이들이 만든 서약서를 사순절 기간에 게시할 수 있다.				

함께 기도해요

하나님, 사순절이 시작되었어요. 사순절을 지내면서 예수님께 우리의 마음을 드리길 원해요. 예수님을 얼마나 사랑하는지 매일매일 마음껏 표현하는 우리가 되게 해 주세요. 예수님의 이름으로 기도합니다. 아멘.

활동1 마음을 담아서

여러분, 오늘 말씀에서 마리아는 예수님을 사랑하는 마음을 담아서 예수님께 아주 귀한 향유를 부어 드렸어요. 그것을 기억하면서 향유병을 함께 만들어 봐요.

활동 방법

① **스티커로 향유병을 꾸미고, 색 펜으로 이름을 적는다.**
향유병을 조심히 뜯어내 스티커로 예쁘게 꾸며 주세요. 예수님을 사랑하는 마음을 가득 담아 예쁘게 꾸며 주세요. 스티커를 다 붙인 어린이는 뒤쪽에 자신의 이름을 적어 주세요.

② **습자지를 소개하고 만드는 방법을 설명한다.**
여기 다양한 색의 얇은 종이가 있어요. 이 종이의 이름은 '습자지'예요. 얇아서 아주 잘 찢어지는 특징이 있죠. 이 종이로 향유병을 꾸밀 거예요. 원하는 색의 종이들을 작게 찢어서 향유병 안쪽에 조각조각 붙여 주세요.

③ **향유병에 붙인 습자지에 방향제 혹은 향수를 뿌린다.**
마리아가 예수님께 가장 귀한 향유를 드렸다고 했죠? 우리가 만든 향유병에서도 향기가 나도록 해 볼까요? 향유병에 붙인 습자지에 향수를 뿌려 주세요.

④ **반으로 접어 풀로 붙이고, 구멍에 리본 끈을 끼워 완성한다.**
이제 향유병을 반으로 접고 풀로 붙여 완성해 주세요. 그리고 집에 가서 원하는 곳에 걸어 둘 수 있도록 리본 끈을 달아 줄게요. 짜잔! 향유병이 완성되었어요. 다음 주에 만나면 오늘 이 향유병을 어디에 달았는지 알려 주세요.

마리아가 예수님께 드렸던 향유를 생각하면서, 우리도 향유병을 만들었어요. 오늘 만든 향유병을 보면서 배운 말씀을 한 주 동안 잘 기억해요. 그리고 향유병을 보며 매일 내가 예수님을 얼마나 사랑하는지 이야기해 보세요.

⑤ **기도로 마무리한다.**

활동2 예수님을 향한 우리의 마음

어린이 여러분, 사순절이 시작되었어요. 사순절은 부활절이 오기 전 40일의 시간을 뜻해요. 예수님의 고난과 사랑을 기억하면서 보내는 기간이지요. 사순절 서약서를 작성하면서 사순절을 어떻게 보낼지 다짐해 보아요.

활동 방법

① 미리 준비한 서약서를 한 장씩 나누어 준다.

어린이 여러분, 종이를 한 장씩 나눠 줄게요. 이 종이에는 사순절을 우리가 어떤 마음으로 보내야 할지 다짐하고 약속하는 내용이 적혀 있어요. 그래서 '서약서'라고 말해요. 선생님을 따라서 함께 읽어 볼까요?

사순절 서약서

사순절 40일 동안 하나님의 말씀을 읽고 기도하며
예수님의 사랑을 나누는 ○○○이/가 될 것을 서약합니다.

② 색 펜으로 이름을 적는다.

서약서 중간에 빈칸이 있어요. 거기에 어린이 여러분의 이름을 적어 주세요.

③ 일회용 접시에 물감을 덜어서 어린이들 손바닥에 묻힌다.

이제, 우리의 마음을 다짐하는 의미로 손도장을 찍을 거예요. 여러분 손에 물감을 묻혀서 종이에 손 모양이 잘 나오게 찍어 주세요. 손도장을 찍은 어린이는 물티슈로 손을 닦아 주세요.

오늘 작성한 '사순절 서약서'를 유치부실에 잘 보이게 전시해 둘 거예요. 교회에 올 때마다 한 번씩 보고, 또 집에서도 오늘 활동한 내용을 기억해요. 이번 사순절에는 하나님의 말씀을 읽고 기도하면서, 친구들과 예수님의 사랑을 나누면서 보내기로 다짐해요.

④ 기도로 마무리한다.

빵빵! 내 마음의 운전사

3단원 2

배울 말씀 마태복음 26장 14~16절, 27장 3~8절

새길 말씀 그가 그 때부터 예수를 넘겨 줄 기회를 찾더라 (마 26:16)

활동1 빵빵! 마음 자동차 운전사

활동 내용	만들기 및 놀이 활동	시간	20분	인원	5명
준비물	어린이용 교재(스티커), 꾸미기 스티커, 양면테이프, 색 테이프				
목표	우리 마음의 주인은 누가 되어야 할지 알게 한다.				
사전 준비와 TIP	① 교재를 미리 뜯어서 준비한다. ② 백업을 준비하여 운전대 뒷면에 붙여 튼튼하게 만들 수도 있다. ③ 활동 장소에 색 테이프로 출발선과 도착선을 표시한다. ④ 예수님과 방해꾼 역할의 선생님 2명을 정해 둔다.				

활동2 사순절 카드

활동 내용	만들기	시간	20분	인원	5명
준비물	어린이용 교재(스티커), 색연필(보라색 계열로 준비)				
목표	사순절 동안 우리가 기억해야 할 내용이 무엇인지 배우게 한다.				
사전 준비와 TIP	① 교재를 미리 뜯어 준비한다.				

함께 기도해요

하나님, 우리도 유다처럼 마음에 욕심이 가득할 때가 있어요. 하지만 우리 마음의 주인은 예수님 한 분이라는 사실을 기억하며 욕심을 버리게 도와주세요. 예수님이 우리에게 왜 오셨는지 꼭 기억할 수 있도록 해 주세요. 예수님의 이름으로 기도합니다. 아멘.

활동1 빵빵! 마음 자동차 운전사

오늘 말씀에서 가룟 유다는 예수님을 사랑하는 마음보다 자신의 욕심이 더 커서 예수님을 배신했어요. 우리 마음 자동차의 운전사는 누가 되어야 한다고 했죠? 맞아요. 바로 예수님이에요. 우리 마음의 운전사, 예수님을 생각하며 운전대와 예수님을 만들어 봐요.

활동 방법

① 운전대를 스티커로 꾸미고 가운데에 예수님 얼굴 스티커를 붙인다.

빵빵! 우리 마음 자동차 운전대예요. 여러분 마음 자동차의 운전대를 스티커로 꾸며 주세요. 그리고 우리 마음 자동차의 운전사이신 예수님을 운전대 가운데에 붙여 주세요.

② 완성한 운전대를 가지고 활동 방법을 설명하고 놀이한다.

지금부터 마음 운전사인 예수님의 목소리를 따라 움직이는 놀이를 할 거예요. 중간에 방해꾼 선생님들의 목소리를 따라 움직이면 실패예요. 실패한 어린이는 자리로 돌아가 앉아서 놀이가 끝날 때까지 기다려 주세요.

③ 활동 장소에 따라 한 가지 놀이만 하거나 다양하게 진행할 수 있다.

예수님의 목소리를 잘 듣고, 예수님이 말씀하시는 대로 움직일 준비됐나요? 예수님의 목소리만 잘 듣고 도착선까지 가는 거예요. 예수님 목소리에 집중해 주세요!

④ 예수님 역할 선생님이 진행 방법을 이야기하면, 방해꾼 선생님은 다른 방법을 이야기하며 놀이를 방해한다.

진행 방법의 예

한 발로 콩콩 뛰어가세요 / 앞으로 달려가세요 / 꽃게처럼 옆으로 가세요 / 두 발로 뛰어가세요 / 만세 하고 가세요 / 뒤로 걸어가세요

오늘 놀이를 다시 한번 생각하며 내 마음 자동차의 운전사는 예수님이라는 사실을 꼭 기억하길 바라요. 그래서 내 욕심을 버리고 예수님을 더 많이 생각하고 사랑하는 어린이가 되어요.

⑤ 기도로 마무리한다.

활동2 사순절 카드

여러분, 사순절 둘째 주가 시작되었어요. 오늘은 사순절 카드 속에 숨겨진 이야기들을 들어 보려고 해요. 어떤 이야기가 숨어 있는지 만나 볼까요?

활동 방법

① 카드를 접고, 글자를 색칠하여 꾸민다.

먼저, 접는 선을 따라 카드를 접어 줄게요. 카드를 접으니 글자가 나타났어요. 같이 읽어 볼까요? "예수 사랑." 색연필로 글자를 예쁘게 색칠해 주세요.

② 카드 안쪽 면에 있는 네 개의 그림에 대한 이야기를 들려주고 알맞은 스티커를 찾아 붙이게 한다.

카드의 그림을 보며, 선생님의 이야기를 잘 들어 보세요. 그리고 알맞은 스티커를 찾아 그림에 붙여 보세요.

그림1. 예루살렘 입성 / 나귀를 타신 예수님 스티커

예수님께서 어린 나귀를 타고 예루살렘 성에 오셨어요. 사람들은 "호산나! 호산나! 예수님!" 하고 외치며 예수님을 환영했어요. 어떤 스티커가 필요할까요?

그림2. 제자들과 마지막 식사 / 손에 빵과 포도주를 들고 계신 예수님 스티커

유월절 밤, 예수님이 사랑하는 제자들과 식사를 하고 계세요. 예수님이 말씀하셨어요. "이것은 나의 살과 피란다. 이것을 먹고 마실 때마다 나의 사랑을 기억해라." 이 그림에 알맞은 스티커를 찾아 붙여 주세요.

그림3. 겟세마네에서 기도 / 기도하시는 예수님 스티커

제자들과 식사를 마치신 예수님께서 겟세마네 동산에 올라가 기도하셨어요. "하나님, 제 뜻이 아닌 하나님의 뜻대로 하세요." 그날 밤, 예수님은 잡혀가셨어요. 예수님이 무얼 하셨다고요? 스티커를 찾아 붙여 주세요.

그림4. 십자가에 달려 돌아가심 / 십자가에 달리신 예수님 스티커

예수님은 머리에 가시 면류관을 쓰시고, 무거운 십자가를 지고 골고다 언덕으로 올라가셨어요. 그리고 십자가에 못 박히셨어요. "하나님, 사람들의 죄를 용서해 주세요." 예수님은 우리를 사랑하시기 때문에 십자가에 달려 돌아가신 거예요. 마지막 스티커는 어떤 그림인가요?

우리가 사순절 동안 기억해야 할 것은, 예수님이 우리를 너무나도 사랑하시기 때문에 우리를 위해 십자가에 달려 돌아가셨다는 거예요. 예수님의 사랑으로 우리의 모든 죄는 용서받게 되었어요. 사순절 카드를 매일 보면서 우리를 구원해 주신 예수님께 감사하며 우리를 향한 예수님의 사랑을 기억하는 여러분이 되길 바라요.

③ 기도로 마무리한다.

3단원

3 겁쟁이 베드로

배울 말씀 마태복음 26장 33~35절, 69~75절

새길 말씀 이에 베드로가 예수의 말씀에 닭 울기 전에 네가 세 번 나를 부인하리라 하심이 생각나서 밖에 나가서 심히 통곡하니라 (마 26:75)

활동1 닭이 울기 전까지

활동 내용	만들기	시간	20분	인원	5명
준비물	어린이용 교재, 유색 종이 접시, 풀, 투명 테이프(혹은 양면테이프), 색종이, 색연필				
목표	만들기 활동을 통해 배운 내용을 한 번 더 되새기게 한다.				
사전 준비와 TIP	① 색종이 대신 만들기용 새 깃털을 준비해서 활동해도 좋다. ② 닭의 몸통 부분에 양면테이프를 미리 붙여도 좋다. ③ 종이 접시 가운데에 볼펜이나 자로 누름선을 미리 그으면 쉽게 접을 수 있다.				

활동2 조각 조각 모아서

활동 내용	게임	시간	20분	인원	5명
준비물	교사용 교재, 색연필, 투명 테이프				
목표	퍼즐을 맞추고 그림을 보며 함께 이야기를 나누면서 사순절의 의미를 되새긴다.				
사전 준비와 TIP	① 퍼즐 조각이 반 인원수보다 적은 경우, 교사가 조각을 더 나누어 둔다.				

함께 기도해요

하나님, 연약하고 부족한 우리를 위해 예수님께서 이 땅에 오셨음을 기억해요. 우리를 향한 예수님의 사랑을 잊지 않게 해 주세요. 그 사랑을 기억하며 전할 수 있는 예수님의 멋진 어린 제자가 되게 해 주세요. 예수님의 이름으로 기도합니다. 아멘.

활동1 닭이 울기 전까지

오늘 말씀 속에서 베드로는 예수님의 말씀대로 닭이 울기 전 예수님을 세 번이나 모른다고 말했어요. 오늘 만들기 활동을 통해 배운 말씀을 기억해 봐요.

활동 방법

① 어린이용 교재를 뜯고 색연필로 색칠하여 꾸민다.

베드로가 닭 울기 전에 예수님을 모른다고 했죠? 그래서인지 베드로 하면 닭이 생각나네요. 그래서 오늘은 닭을 만들어 보려고 해요. 먼저 닭의 머리 부분을 색칠해 주세요.

② 반으로 접은 종이 접시에 머리를 붙여 준다.

색칠을 끝낸 어린이에게는 반으로 접은 종이 접시를 나눠 줄게요. 이 접시는 닭의 몸 부분이에요. 이제 닭의 몸에 색칠한 머리를 투명 테이프나 양면테이프로 붙여 줄게요. 그러면 쉽게 닭이 완성되어요.

③ 색종이를 길게 찢어서 접시에 붙인다.

여러 가지 색종이를 쭉쭉 길게 찢어서 닭의 몸, 종이 접시에 붙여 주세요. 색종이로 닭의 깃털을 표현하는 거예요.

④ 새길 말씀을 함께 읽어 본다.

선생님과 함께 오늘 말씀을 한 번 더 읽어 볼까요? 조금씩 따라 읽어 보세요.

베드로가/ 예수의 말씀에/ 닭 울기 전에/ 네가/ 세 번/ 나를 부인하리라/ 하심이 생각나서/ 밖에 나가서/ 심히 통곡하니라/ 마태복음/ 26장/ 75절 말씀/ 아멘

베드로는 예수님의 말씀대로 예수님을 세 번이나 모른다고 했어요. 하지만 나중에는 가장 멋진 예수님의 제자 중 한 사람이 되었어요. 우리에게도 베드로처럼 약하고 용기 없는 모습이 있어요. 하지만 예수님은 약한 우리도 베드로처럼 멋진 제자로 사용해 주신답니다.

⑤ 기도로 마무리한다.

활동2 조각 조각 모아서

지금은 사순절 기간이라고 했지요? 예수님이 우리에게 보여 주신 사랑을 기억하면서, 오늘은 퍼즐을 만들어 같이 맞추는 활동을 해 보려고 해요. 함께 하나의 퍼즐을 완성할 거예요. 우리의 마음도 하나로 모아서 만들어 봐요.

활동 방법

① 퍼즐 조각을 하나씩 나누어 준다.

여러분, 여기 아무것도 색칠되어 있지 않은 퍼즐 조각들이 있어요. 하나씩 나누어 줄게요. 각자 무슨 그림의 조각일지 상상하며 색칠해 주세요. 모두 색칠이 끝나면 조각을 맞추어 볼 거예요.

② 책상 위에서 퍼즐 조각을 맞춰 그림을 완성하고 그림을 보며 이야기 나눈다.

다 색칠했나요? 이제 퍼즐을 맞추어 볼 거예요. 각자 가진 조각이 어디에 들어갈지 우리 다 함께 퍼즐을 맞추며 알아봐요. 조각을 모아서 맞추니 십자가가 완성되었어요. 십자가 조각들을 투명 테이프로 붙여서 연결해 볼게요. 그러고 나서 뒤집어 보니 십자가에 달리신 예수님 모습이네요. 예수님의 모습을 보니 어떤 생각이 드나요? (어린이들의 이야기를 충분히 듣는다.)

예수님은 우리의 죄를 대신하시기 위해 이 땅에 오셨다는 사실을 꼭 기억해요. 오늘 맞춘 퍼즐을 보면서 우리를 향한 예수님의 사랑을 기억하는 여러분 되길 소망합니다.

③ 기도로 마무리한다.

예수님의 사랑을 기억해요

4 3단원

배울 말씀 마가복음 11장 1~11절

새길 말씀 앞에서 가고 뒤에서 따르는 자들이 소리 지르되 호산나 찬송하리로다 주의 이름으로 오시는 이여 찬송하리로다 오는 우리 조상 다윗의 나라여 가장 높은 곳에서 호산나 하더라 (막 11:9~10)

활동1 어린 나귀처럼

활동 내용	신체활동	시간	20분	인원	전체
준비물	어린이용 교재, 고무줄, 색 테이프, 풀, 시트지, 납작한 쿠션 혹은 방석, 예수님 그림, 가위				
목표	나귀 놀이를 통해 예루살렘 성에 입성하신 예수님을 기억하게 한다.				
사전 준비와 TIP	① 예수님 인형이나 예수님 그림을 붙인 쿠션 등을 준비한다. 활동 참여 인원수에 맞추어 3~5개 정도로 준비한다. ② 활동 장소에 색 테이프로 출발선을 표시한다. ③ 예루살렘 성 입구 역할을 할 교사 2명을 미리 정한다. (동대문 놀이 참고) ④ 옷 모양으로 자른 시트지로 활동 장소 바닥에 활동 경로를 만든다.				

활동2 예수님의 사랑 기억하기

활동 내용	게임	시간	20분	인원	5명
준비물	어린이용 교재, 지퍼백				
목표	사순절 기간에 배운 말씀들을 기억하게 한다.				
사전 준비와 TIP	① 반 인원이 많으면 카드 수를 늘려 게임을 진행한다. ② 게임이 끝나면 카드를 한 세트씩 집에 가져갈 수 있게 한다.				

함께 기도해요

하나님, 사순절 기간을 보내며 우리를 향한 예수님의 사랑을 매주 배우고 느껴 보았어요. 앞으로도 언제나 우리를 향한 예수님의 사랑을 기억하면서 살아갈 수 있도록 우리를 도와주세요. 예수님의 이름으로 기도합니다. 아멘.

활동1 어린 나귀처럼

오늘 말씀 속에서 예수님은 어린 나귀를 타고 예루살렘 성으로 들어가셨어요. 사람들은 예수님을 향해 종려나무 가지를 흔들고, 자신들의 옷을 벗어서 길에 깔며 "호산나!" 하고 외쳤어요. 예수님을 태우고 예루살렘 성으로 들어간 나귀는 어떤 마음이었을까요? 오늘 우리가 어린 나귀가 되어서 예수님을 태우고 예루살렘 성으로 들어가 보아요.

활동 방법

① 나귀 머리띠에 고무줄을 연결하여 완성한다.

교재를 뜯어서 나귀 모양 머리띠를 만들어 보세요. 양쪽에 있는 작은 구멍에 고무줄을 연결하여 머리띠를 만들어 쓰고, 예수님을 태우고 예루살렘 성으로 들어간 어린 나귀가 되어 보아요.

② 머리띠를 쓰고 활동 장소에 모이게 한 후 활동 방법을 설명한다.

여러분, 이제 우리가 예수님을 등에 태운 어린 나귀가 되어서 예루살렘 성으로 들어가 볼 거예요. 출발선에 나귀처럼 엎드려 예수님을 태울 거예요. 예루살렘 성으로 갈 때는 바닥에 깔린 옷길을 따라서 가야 해요. 가는 동안 예수님을 절대 떨어뜨리면 안 돼요. 중간에 예루살렘 성문(미리 정한 선생님 두 명이 손을 맞잡아 만든다.)도 잘 통과해야 합니다.

③ 활동 순서에 따라 진행한다.

혹시 중간에 예수님을 떨어뜨리면 출발선으로 되돌아와서 예수님을 태우고 다시 출발하세요. 순서를 기다리는 어린이들은 어린 나귀들이 예루살렘 성으로 잘 들어갈 수 있도록 "호산나!" 외치며 응원해요.

④ 최고의 나귀를 뽑는다. 반별로 활동을 진행 후, 한 번도 예수님을 떨어뜨리지 않은 어린이들끼리 한 번 더 활동하여 최고의 나귀를 뽑는다. 마지막 나귀가 나올 때까지 계속한다.

자, 이제 오늘의 최고 나귀를 뽑을 거예요. 한 번도 예수님을 떨어뜨리지 않은 어린이들 나와 주세요. 이번에도 예수님을 떨어뜨리지 않고 예루살렘 성까지 가 주세요!

오늘 말씀에서 본 나귀의 일기처럼, 우리도 어린 나귀가 되어서 예수님을 태우고 예루살렘 성으로 들어가 보았어요. 예수님을 태우고 사람들의 환영을 받으며 들어간 어린 나귀는 어떤 기분이었을까요? 예수님은 우리를 구원하시기 위해서 오셨어요. 구원받은 우리는 하나님 나라, 천국 백성이 되었답니다.

⑤ 기도로 마무리한다.

활동2 예수님의 사랑 기억하기

오늘은 종려주일이자 고난주일이에요. 이번 주가 지나면 예수님이 부활하신 부활주일이에요. 사순절을 보내면서 우리를 향한 예수님의 사랑을 깊이 느꼈나요? 이번 활동을 통해서 사순절 동안 배운 말씀을 다시 한번 되새기고, 우리를 향한 예수님의 사랑을 기억하는 시간을 가져 보아요.

활동 방법

① 게임 카드를 뜯어 정리한다.

교재에서 게임 카드를 조심스럽게 뜯어 주세요. 뜯은 카드는 잘 모아서 지퍼백에 담아 주세요. 이제 우리가 같이 카드 게임을 할 텐데, 선생님에게 카드를 빌려 줄 두 친구가 필요해요.

② 어린이들의 카드를 모아서(2세트) 게임을 진행한다.

선생님이 카드의 뒷면이 보이도록 뒤집어 놓았어요. 이제 한 사람씩 나와서 카드를 두 장씩 뒤집을 거예요. 그래서 같은 그림이 나오면 가지고 가고, 서로 다른 그림이 나오면 카드를 다시 제자리에 뒤집어 두는 거예요. 책상 위의 카드가 다 없어지면 끝나는 거예요.

③ 게임을 진행한다.

한 명씩 돌아가면서 게임을 해 볼게요.

여러분, 게임 재미있었나요? 카드를 보니 여러 그림이 있어요. 예수님을 위해 자신이 가장 아끼는 향유를 드린 마리아, 예수님을 배신한 가룟 유다, 예수님을 모른다고 말한 베드로, 어린 나귀를 타고 예루살렘 성에 들어가신 예수님, 그리고 그 외에 사순절에 관련된 그림들이 있어요. 게임 카드를 한 주 동안 보면서 말씀 내용을 잘 기억하고, 우리를 위해 이 땅에 오신 예수님의 사랑을 기억하는 여러분 되길 소망해요.

④ 기도로 마무리한다.

4 단원 나를 상징하는 물건

주제: 내가 가진 것이 곧 나다.

4단원에서는 성경 인물과 함께 떠오르는 여러 상징물에 대해 알아봅니다. 어떤 사건이나 인물과 엮이면서 독특한 의미를 갖게 된 것이 '상징' 또는 '상징물'입니다.

1과에서는 십자가가 언제부터 그리고 어떤 이유로 그리스도인과 교회를 의미하는 대표 상징물이 되었는지 알아봅니다. 본래 십자가는 사람을 고문하고 사형을 집행할 때 사용한 열 십(十) 자 모양의 형벌 도구입니다. 그러나 예수님의 죽음과 부활 이후 십자가는 예수 그리스도를 상징하게 되었고, 이후 예수 그리스도를 따르는 사람들, 즉 그리스도인을 뜻하는 종교적 의미를 갖게 되었습니다.

2과는 요시야 왕과 율법책에 관한 이야기입니다. 요시야는 8세의 어린 나이에 왕위에 올라 31년간 남유다를 다스렸습니다(대하 34:1). 통치 18년째가 되던 해(26세)에 하나님의 성전을 새롭게 단장하던 중 율법책을 발견했습니다. 그리고 유다와 예루살렘의 모든 사람과 함께 율법책에 기록된 내용을 큰 소리로 읽고, 그것을 지키며 믿음과 순종으로 하나님을 따르기로 약속했습니다. 요시야 왕은 제2의 종교개혁이라 불리는 대대적인 정결 작업과 영적 각성을 통해 백성의 잃어버린 신앙을 회복했습니다.

3과는 엄청난 괴력의 소유자 삼손 이야기입니다. 삼손은 우리에게 꽤 익숙한 인물이며, 특히 그의 긴 머리카락에 얽힌 이야기는 영화나 뮤지컬로도 만들어질 만큼 매우 유명합니다. 구약의 마지막 사사였던 삼손은 태어날 때부터 '나실인'이었습니다. 나실인이란 '구분(구별)된 자'라는 뜻으로, 일평생 또는 특별한 헌신을 위해 한시적으로 세상과 단절하고 스스로를 구별하여 하나님께 자신을 봉헌한 사람을 말합니다.

4과의 주인공은 세례 요한과 낙타털로 만든 그의 옷입니다. 요한은 '광야에 외치는 자의 소리(마 3:3)'라는 별명으로 불리기도 했고, 예수님께 '최고의 예언자(마 11:10, 메시지성경)', '여자가 낳은 자 중 가장 큰 자'라는 칭찬을 듣기도 했습니다(마 11:11). 낙타털 옷을 입고 메뚜기와 석청(야산이나 들판에서 채집한 야생 벌꿀)을 먹으며 광야에서 생활했다는 기록은 그가 철저하게 금욕과 경건의 생활을 하면서 복음을 전파했음을 보여 줍니다.

열왕기하 23장 3절

♩= 74

작곡:이화익
편곡:이화익

4단원 1

십자가가 왜 이렇게 많아요?

배울 말씀 마태복음 27장 21~26절, 33~37절

새길 말씀 그러나 내게는 우리 주 예수 그리스도의 십자가 외에 결코 자랑할 것이 없으니 그리스도로 말미암아 세상이 나를 대하여 십자가에 못 박히고 내가 또한 세상을 대하여 그러하니라 (갈 6:14)

활동1 우리의 십자가

활동 내용	만들기	시간	20분	인원	
준비물	어린이용 교재, 색연필, 투명 테이프				
목표	십자가를 만들면서 예수님의 마음을 느껴 보게 한다.				
사전 준비와 TIP	① 어린이용 교재의 십자가 부분만 뜯어 사용한다. ② 어린이들이 만든 십자가를 부서실 큰 십자가에 붙여 게시한다. 부서실에 벽면 십자가가 없다면 교회 여건에 따라 게시할 곳을 마련한다.				

활동2 십자가에 담긴 마음

활동 내용	신체활동	시간	20분	인원	
준비물	어린이용 교재				
목표	십자가에 담긴 예수님의 마음을 생각하게 한다.				
사전 준비와 TIP	① 활동1에서 십자가를 뜯어낸 나머지 부분을 사용한다.				

함께 기도해요

하나님, 십자가에 담긴 예수님의 마음을 생각하고 느껴 보았어요. 우리를 사랑하여 구원해 주셔서 감사합니다. 십자가를 볼 때마다 예수님을 기억하며 감사하는 어린이가 되게 해 주세요. 예수님의 이름으로 기도합니다. 아멘.

활동1 우리의 십자가

어린이 여러분은 십자가를 보면 어떤 마음이 느껴지나요? 내가 느낀 십자가를 여러 색깔과 무늬로 표현해 보고, 우리의 십자가를 하나로 모아요.

활동 방법

① 어린이용 교재를 뜯고 색칠한다.

먼저 십자가가 필요해요. 교재의 하얀 십자가를 칼선을 따라 뜯어요. 그리고 십자가에서 느껴지는 마음을 여러 색깔이나 무늬로 표현해 보아요. 십자가를 볼 때 따뜻함이 느껴지면 주황색으로 색칠하고, 사랑이 느껴지면 하트를 그릴 수도 있어요. 여러분이 느낀 대로 자유롭게 표현해요.

② 색칠한 십자가를 보며 이야기 나눈다.

모두 다양한 색깔과 무늬로 십자가를 색칠했네요. 십자가를 보면 마음이 시원해져서 바다색으로 색칠한 어린이도 있고, 예수님이 달리신 나무 십자가를 생각하며 나뭇결무늬로 색칠한 어린이도 있네요. 서로의 십자가를 보며 색칠한 이유를 나누어요.

③ 각자 완성한 십자가를 부서실 십자가에 모아 붙인다.

이야기까지 모두 마친 어린이는 십자가를 선생님에게 가져다주세요. 선생님이 유치부실에 있는 십자가에 여러분이 색칠한 십자가를 붙여 줄게요.

십자가를 보며 우리는 이렇게 다양한 생각을 할 수가 있어요. 오늘 십자가를 보며 들었던 생각과 느낌을 기억해요. 다른 친구들의 느낌도 생각해 보며 십자가에 담긴 예수님의 마음을 풍성하게 누리게 되기를 바라요.

④ 기도로 마무리한다.

활동2 십자가에 담긴 마음

여기에도 십자가, 저기에도 십자가! 이번에는 우리 주변에 숨겨진 십자가를 찾아볼까요? 십자가를 찾고, 또 십자가에 담긴 예수님의 마음을 함께 찾아요.

활동 방법

① 어린이용 교재를 뜯어 준비한다.

교재에서 십자가를 떼어내고 남은 부분이 있죠? 칼선대로 잘 뜯어내면 네모 모양 십자가 카드가 된답니다. 조심해서 뜯어내 주세요.

② 주변에서 십자가 모양을 찾아본다.

우리 주변에는 어디에 십자가가 있을까요? 그리고 숨겨진 십자가 모양도 찾아보세요. 우리가 가진 십자가 카드를 대보며 똑같은 모양인지 확인해요.

③ 십자가 모양으로 뚫린 카드로 하늘, 꽃, 친구 등에 대보며 십자가에 담긴 예수님의 마음을 찾는다.

이번에는 십자가 카드를 하늘에 대 보아요. 십자가에 담긴 하늘처럼 넓고 큰 예수님의 사랑을 느껴요. 그리고 이번에는 십자가를 꽃에 대 보아요. 예쁘게 핀 꽃처럼 십자가에서 사랑을 꽃피우신 예수님의 마음을 느껴요. 마지막으로 친구에게 십자가를 대 보아요. 이 친구를 구원하시기 위해 예수님이 십자가를 지셨대요. 십자가 안에 친구를 향한 예수님의 사랑이 담겨 있네요. 또 예수님의 마음이 어디에 담겼을까요? 더 찾아봐요.

십자가에 담긴 예수님의 마음을 느껴 보았나요? 예수님이 우리를 얼마나 많이 사랑하시는지 알겠죠? 앞으로도 십자가를 보며 예수님의 사랑을 기억하고 느껴 보세요.

④ 기도로 마무리한다.

돌돌돌 나를 펼쳐 보세요!

4단원 2

배울 말씀 열왕기하 22장 1~5절, 13절, 23장 1~3절

새길 말씀 왕이 단 위에 서서 여호와 앞에서 언약을 세우되 마음을 다하고 뜻을 다하여 여호와께 순종하고 그의 계명과 법도와 율례를 지켜 이 책에 기록된 이 언약의 말씀을 이루게 하리라 하매 백성이 다 그 언약을 따르기로 하니라 (왕하 23:3)

활동1 성경책 찾기

활동 내용	신체활동	시간	20분	인원	5명
준비물	성경책(10권 이상), 메모지, 색 펜, 간식				
목표	늘 하나님의 말씀을 가까이해야 함을 깨닫게 한다.				
사전 준비와 TIP	① 활동 장소 곳곳에 성경책을 숨겨 놓는다. ② 한 권의 성경책 사이에만 새길 말씀을 적은 메모지를 끼워 놓는다. ③ 메모지를 찾은 어린이에게 줄 간식을 준비한다. 반원 모양의 초콜릿을 성경책 모양으로 만들어 줄 수 있다. ④ 활동에 참여하는 어린이의 수에 따라 숨기는 성경책의 수를 가감한다.				

활동2 돌돌돌 파피루스

활동 내용	만들기	시간	20분	인원	
준비물	크라프트지, 풀, 크레파스				
목표	성경책을 기록했던 옛사람들의 마음을 느끼며 말씀을 기억하게 한다.				
사전 준비와 TIP	① 크라프트지는 한지 등 다른 종이로 대체할 수 있다.				

함께 기도해요

하나님, 우리가 하나님의 말씀을 듣고 기억할 수 있게 해 주셔서 감사합니다. 언제나 하나님의 말씀을 가까이하는 어린이가 되고 싶어요. 하나님의 말씀을 기억하고 지킬 수 있게 도와주세요. 예수님의 이름으로 기도합니다. 아멘.

활동1 성경책 찾기

어린이 여러분, 오늘 여기에는 하나님의 말씀이 꼭꼭 숨겨져 있어요. 보물찾기 놀이 알죠? 오늘의 보물은 성경책이에요. 우리 얼른 성경책을 찾아보아요.

활동 방법

① **활동 방법을 설명한다.**

우리가 모인 이곳 여기저기에 성경책이 숨겨져 있어요. 선생님이 "준비, 시작!" 하면 모두 성경책을 찾아요. 그런데 단 한 권의 성경책에만 오늘 말씀이 적힌 메모지가 끼워져 있을 거예요. 메모지가 들어 있는 성경책을 찾은 어린이에게는 특별한 선물이 있어요.

② **성경책을 찾는다.**

다 같이 성경책을 찾으러 가 볼까요? 준비, 시작!

③ **팀별로 성경책을 숨기고 찾는 놀이로 진행한다.**

이번에는 두 팀으로 나누어 한 팀은 성경책을 숨기고, 다른 팀은 성경책을 찾을 거예요. 선생님이 정해 주는 대로 팀을 나눠 주세요. 1분의 시간 동안 한 팀은 성경책을 숨기고, 다른 팀은 등을 돌리고 서 있어요. 1분 후에 돌아서서 자유롭게 다니며 성경책을 찾아보세요.

④ **역할을 바꾸어 한 번 더 진행한다.**

이번엔 숨기는 팀, 찾는 팀의 역할을 바꾸어서 해 볼까요?

⑤ **메모지가 든 성경책을 찾은 어린이에게 간식을 준다.**

새길 말씀이 적힌 메모지를 찾은 어린이에게는 맛있는 간식을 선물할게요. 누구였나요? 특별한 한 권을 찾은 어린이에게 선물을 드리겠습니다.

어린이 여러분, 오늘은 하나님의 말씀을 열심히 찾았어요. 하나님의 말씀을 늘 눈앞에 두고, 숨겨지지 않도록, 언제나 하나님의 말씀을 가까이하는 어린이들이 되길 바라요.

⑥ **기도로 마무리한다.**

활동2 돌돌돌 파피루스

오늘 말씀에 등장하는 성경책은 돌돌돌 말아져 있었어요. 지금 우리가 사용하는 성경책과는 다른 모습이죠. 옛날 사람들은 성경책을 어떻게 만들었는지, 우리도 따라서 만들어 보아요.

활동 방법

① 크라프트지를 한 장씩 받아 세로로 길게 찢는다.

여기 갈색 종이가 있어요. 한 장씩 나눠 받은 다음 손으로 길게 찢어 주세요. 옛날 성경책은 파피루스라는 나무의 줄기를 이렇게 찢어서 만들었대요.

② 크라프트지를 조금씩 겹쳐서 풀로 붙여 사각형으로 만든다.

찢은 종이를 조금씩 겹쳐 풀로 붙여서 네모나게 만들어요. 옛날에는 찢은 파피루스 줄기를 층층이 쌓고 돌멩이로 눌러 다듬었대요. 그러면 파피루스 줄기에 있던 끈적끈적한 풀이 마르면서 한 장의 종이가 되었대요.

③ 만든 종이에 크레파스로 그림을 그린다.

이렇게 힘들게 만든 종이에 하나님의 말씀을 써서 소중히 보관하면서 읽었다고 해요. 우리도 크레파스로 종이 위에 그리고 싶은 성경 이야기를 자유롭게 그려요. 오늘 들었던 말씀 속 한 장면을 그리거나 예수님 얼굴, 바다를 가르는 모세 등을 그릴 수 있어요.

하나님 말씀을 기억하고, 자녀들에게 가르치려고 이렇게 종이를 만들어 말씀을 적어 내려갔던 사람들을 생각해 보세요. 정말 감사하고 대단하지 않나요? 오늘 우리가 만든 돌돌돌 파피루스 성경책을 생각하며 소중한 하나님의 말씀을 기억하고 지키며 살아요.

④ 기도로 마무리한다.

4단원

3 힘의 비밀은, 머리카락?

배울 말씀 사사기 16장 4~31절

새길 말씀 삼손이 진심을 드러내어 그에게 이르되 내 머리 위에는 삭도를 대지 아니하였나니 이는 내가 모태에서부터 하나님의 나실인이 되었음이라 만일 내 머리가 밀리면 내 힘이 내게서 떠나고 나는 약해져서 다른 사람과 같으리라 하니라 (삿 16:17)

활동1 솟아나라 힘!

활동 내용	신체활동	시간	20분	인원	5명
준비물	색종이, 가위, 풀, 풍선, 동그라미 모양 뻥튀기 과자				
목표	우리에게 힘을 주시는 분이 하나님이심을 고백하게 한다.				
사전 준비와 TIP	① 색종이를 길게 6등분으로 자른 뒤, 동그랗게 엮어 종이 사슬을 만든다. 활동을 시작할 때, 어린이들의 손목에 종이 사슬로 수갑을 채운다.				

활동2 머리카락이 자라나요

활동 내용	만들기	시간	20분	인원	
준비물	어린이용 교재, 빨대, 물감, 붓, 팔레트(혹은 종이 접시)				
목표	머리카락을 길게 기른 삼손 이야기를 기억하게 한다.				
사전 준비와 TIP	① 팔레트(혹은 종이 접시)에 짠 물감에 물을 섞어 묽게 한 뒤, 어린이용 교재에 떨어뜨려 준 다음 활동한다.				

함께 기도해요

하나님, 우리에게 힘을 주셔서 감사해요. 우리가 튼튼하게 자랄 수 있도록 도와주시고, 모든 것을 주시는 분이 하나님이라는 사실을 잊지 않도록 우리 믿음을 지켜 주세요. 하나님이 주신 힘으로 하나님을 기쁘시게 하는 어린이가 되게 도와주세요. 예수님의 이름으로 기도합니다. 아멘.

활동1 솟아나라 힘!

삼손은 하나님이 주신 힘이 불끈불끈 솟았어요. 이 시간 우리도 하나님이 우리에게 주신 힘을 자랑해 볼까요? 솟아나라 힘! 솟아나라 힘!

활동 방법

① **1단계: 종이 사슬 끊기**

먼저 다 같이 여러분의 손을 묶은 종이 사슬을 끊어 볼까요? 힘을 줘서 팔을 양쪽으로 벌려요. 솟아나라 힘!

② **2단계: 발차기**

풍선을 들고 서 있는 선생님 앞으로 한 줄로 서요. 그리고 한 사람씩 발차기로 풍선을 맞춰 볼까요? 쭉쭉 다리를 뻗어서 풍선을 맞춰 보세요.

③ **3단계: 격파하기**

마지막은 격파예요. 선생님이 동그란 뻥튀기 과자를 들고 있어요. 선생님 앞으로 한 줄로 서요. 그리고 한 사람씩 뻥튀기를 주먹으로 격파해요. 힘이 아주아주 센 어린이는 뻥튀기를 2장 겹쳐 줄 거예요. 몇 장까지 가능할까요?

여러분 모두 힘이 솟아나고 있네요. 여러분에게 이 힘을 주신 분은 누구일까요? 맞아요. 하나님이세요. 우리가 튼튼하게 자랄 수 있도록 우리에게 힘을 주시는 하나님을 기억하고 감사해요.

④ **기도로 마무리한다.**

활동2 머리카락이 자라나요

삼손의 머리카락은 길었나요, 짧았나요? 맞아요. 삼손은 머리카락이 길었어요. 자기의 힘이 긴 머리카락에서 나온다고 생각했죠. 힘이 센 삼손을 기억하며 긴 머리카락을 물감으로 그려 주세요.

활동 방법

① 교재의 그림에 물감을 떨어뜨려 준다.

교재에 머리카락이 없는 삼손 그림이 있어요. 머리카락이 없는 삼손은 이상하죠? 삼손은 멋지고 긴 머리카락을 갖고 있었고, 그 머리카락은 하나님이 주신 힘의 상징이었어요. 삼손에게 멋진 머리카락을 그려 주세요. 어린이 여러분이 원하는 색을 말하면 선생님이 붓으로 물감을 떨어뜨려 줄게요. 삼손의 머리카락 색이 되는 거예요.

② 빨대로 바람을 불어 물감을 퍼뜨려 머리카락을 그리는 방법을 설명해 준다.

선생님이 떨어뜨려 준 물감을 빨대로 후후 불어 물감이 퍼져나가게 해요. 요리조리 방향을 돌려가며 긴 머리카락을 만들어요. 물감이 부족한 어린이들은 손을 들어 선생님께 알려 주세요. 물감을 더 떨어뜨려 줄게요.

삼손의 긴 머리카락을 색칠해 보았어요. 삼손의 힘이 긴 머리카락에서 나왔나요? 아니에요. 그러면 삼손의 힘은 어디에서 나왔나요? 맞아요. 하나님이에요. 삼손의 머리카락이 짧았을 때도, 삼손이 하나님을 생각하고 하나님께 기도하자 하나님은 삼손에게 힘을 주셨어요. 여러분은 여러분에게 모든 것을 주시는 하나님을 잊지 않길 바라요.

③ 기도로 마무리한다.

낙타털 옷을 입은 사람

4단원

배울 말씀 마태복음 3장 1~12절

새길 말씀 이 요한은 낙타털 옷을 입고 허리에 가죽 띠를 띠고 음식은 메뚜기와 석청이었더라 (마 3:4)

활동1 나는 무슨 옷을 입을까?

활동 내용	만들기	시간	20분	인원	
준비물	세로형 종이가방 혹은 쇼핑백(어린이 수만큼), 색칠 도구, 색 테이프, 스티커, 가위				
목표	예수님을 위해 사는 삶을 구체적으로 구상해 보게 한다.				
사전 준비와 TIP	① 종이가방 넓은 면의 가운데를 세로로 자르고, 이어지는 바닥면을 원 모양으로 잘라 목둘레를 만든다. 마지막으로 양쪽에 팔을 끼울 구멍을 만들어 조끼 모양이 되게 한다. 자른 면에 베이지 않도록 색 테이프를 덧붙인다. ② 상황에 따라 종이봉투(20×13×29.5cm)나 비닐로 대신할 수 있다.				

활동2 세례 요한의 모든 것

활동 내용	지면 활동	시간	20분	인원	
준비물	어린이용 교재, 클레이				
목표	예수님을 위해 살았던 세례 요한의 이야기를 기억하게 한다.				
사전 준비와 TIP	① 색연필, 비즈 스티커, 색 테이프 등 다양한 꾸미기 재료들을 활용해 색칠할 수 있다.				

함께 기도해요

하나님, 우리도 예수님을 위해 살고 싶어요. 예수님을 더 많이 생각하면서 예수님을 위해 더 많은 일을 할 수 있게 해 주세요. 그래서 예수님을 기쁘시게 하는 어린이가 되게 도와주세요. 예수님의 이름으로 기도합니다. 아멘.

활동1 나는 무슨 옷을 입을까?

오늘 말씀 속에서 요한은 어떤 옷을 입고 있었나요? 맞아요. 낙타털 옷을 입고 있었어요. 요한은 예수님이 제일 중요했어요. 옷을 입을 때도 예수님을 위해 낙타털 옷을 입었어요. 그렇다면 우리는 예수님을 위해 어떤 옷을 입을까요?

활동 방법

① 준비한 종이가방을 나눠 주고 활동 방법을 설명한다.

종이가방으로 여러분이 입을 옷을 만들어 볼까요? 준비된 여러 가지 재료들을 사용해서 마음껏 꾸며요. 세례 요한과 똑같이 낙타털 옷으로 만들어도 돼요. 언제 어디서나 예수님의 말씀을 전하기 위해 성경책이 든 주머니를 그릴 수도 있어요. 사람들이 멀리서도 나를 찾아와 예수님의 이야기를 들을 수 있도록 반짝반짝 화려한 옷을 만들 수도 있어요. 예수님의 사랑을 전하기 위해 아픈 사람들을 치료해 주는 의사나 간호사, 위험에 빠진 사람들을 구해 주는 소방관의 옷으로 만들어도 좋아요. 여러분은 어떻게 꾸밀 건가요? 어떤 옷을 입고 싶나요? 여러 색칠 도구와 색 테이프, 스티커가 있어요. 이것들을 이용해 옷을 꾸며요.

② 어린이들의 활동을 지켜보며 돕는다.

③ 각자 만든 옷을 입고 이야기를 나눈다.

만들기가 끝났으면 옷을 입어 볼까요? 모두 유명한 디자이너처럼 만들었네요. 한 사람씩 왜 이렇게 옷을 꾸몄는지 이야기해요.

모두 다양한 옷을 만들었고 서로 다른 옷을 입었지만, 예수님을 위해 살아가는 건 똑같아요. 오늘 예수님을 위해 옷을 만들었던 것처럼, 언제나 예수님을 위해 살아가는 어린이 여러분이 되기를 축복해요.

④ 기도로 마무리한다.

활동2 세례 요한의 모든 것

오늘 들었던 세례 요한의 이야기를 머릿속에 그려 보세요. 어떤 모습이 떠오르나요? 까칠까칠한 세례 요한의 옷, 졸졸졸 흐르는 강물, 세례 요한을 찾아오신 예수님이 떠오르죠? 이 시간에는 세례 요한의 이야기를 클레이로 색칠해 보아요.

활동 방법

① 그림을 보며 활동 방법을 설명한다. 빈칸을 클레이 점토로 채운다.

여기 세례 요한의 이야기가 그려져 있어요. 그런데 색칠이 되어 있지 않은 부분들이 있어요. 예수님의 머리카락과 수염, 세례 요한의 옷, 강물, 지켜보는 사람의 옷, 뒤에 있는 바위가 색칠되어 있지 않아요. 여러분이 비어 있는 부분을 클레이 점토로 채워 주세요. 예수님의 머리카락은 클레이를 얇고 길게 빚어 한 가닥, 한 가닥 붙일 수도 있어요. 물은 파란색과 하얀색 클레이를 섞어서 붙일 수도 있겠네요. 클레이를 붙이며 각각의 의미를 생각해요.

② 어린이들의 활동을 적절하게 돕고 그림을 완성하면 칭찬한다.

세례 요한은 거친 낙타털 옷을 입고, 가죽 허리띠를 매고, 푸르른 들판이 아니라 나무나 풀이 잘 자라지 않는 곳에 살았어요. 언제나 예수님을 생각하고 예수님을 위해 살았어요. 세례 요한은 출렁이는 물에서 사람들에게 세례를 주었어요. 사람들은 세례 요한이 전해 주는 말씀을 들으며 자신의 죄를 뉘우쳤어요. 우리가 꾸민 그림엔 이런 의미가 담겨 있었네요. 어린이 여러분도 예수님만을 위해 살았던 세례 요한을 닮기를 바라요.

③ 기도로 마무리한다.

5 단원 나의 동물 짝꿍

주제 하나님은 동물을 통해서도 당신의 뜻을 펼치신다.

5단원은 구약의 위대한 선지자들과 짝이 되는 동물들의 이야기입니다. 선지자들이 맡겨진 사역을 시작하거나 신앙을 드러낼 때 동물들이 어떤 역할을 했는지 살펴보면서, 하나님께서 당신의 정의와 사랑을 베풀기 위해 동물들을 어떻게 사용하셨는지를 배웁니다.

1과의 동물은 비둘기입니다. 성경에서 비둘기는 평화의 상징이나 메시지를 전달하는 역할로 등장합니다. 노아는 홍수 후 방주 바깥의 상황을 알아보려고 비둘기를 내보냈습니다. 처음 날려 보냈을 때는 앉을 곳을 찾지 못했던 비둘기가 두 번째에는 감람나무 새순을 물고 돌아왔습니다. 그리고 7일 후 다시 내보냈을 때는 돌아오지 않았습니다. 이것으로 노아는 대홍수가 마침내 끝났음을 알게 되었습니다. 비둘기는 대홍수의 마침을 알리는 징표로 사용되었습니다.

2과의 동물은 까마귀입니다. 엘리야는 기원전 9세기경 북이스라엘에서 활동한 선지자입니다. 그의 예언대로 3년 6개월 동안 나라에 극심한 가뭄이 있었는데, 그때 하나님께서 엘리야를 그릿 골짜기에 숨기시고, 까마귀를 보내 아침저녁으로 떡과 고기를 공급해 주셨습니다. 하나님은 까마귀를 엘리야의 생명을 살리는 도구로 사용하셨습니다.

3과에 나오는 요나는 기원전 8세기 여로보암 2세 때 북이스라엘에서 활동한 예언자입니다. 하나님께서 앗시리아의 수도 니느웨로 요나를 보내 말씀을 전하게 하셨는데, 그는 이를 거역하고 욥바 항구에서 다시스로 가는 배를 타고 달아났습니다. 배는 큰 풍랑을 만났고 요나는 바다에 던져졌지만, 다행히 큰 물고기에게 먹히는 바람에 목숨을 건졌습니다. 큰 물고기는 3일 후 요나를 해변에 뱉어냈습니다. 물고기는 요나를 살릴 뿐만 아니라, 당신의 명령을 거역한 그를 회개와 순종으로 이끌어 주시는 하나님의 도구였습니다.

4과에 등장하는 다니엘은 바벨론으로 끌려간 유대의 포로였음에도 다리오 왕의 신임을 얻어 나라의 총리가 되었습니다. 이러한 다니엘을 시기 질투한 다른 두 총리와 지방 관리들은 그를 없앨 비열한 음모를 꾸몄습니다. 그러나 다니엘은 굴복하지 않고 신앙을 지켜 늘 해오던 대로 하루에 세 번씩 하나님께 기도했습니다. 이 일로 결국 다니엘은 사자 굴에 던져졌습니다. 하지만 하나님은 그를 털끝도 상하지 않게 지켜 주셨습니다.

열왕기상 17장 4절

작곡:이화익
편곡:이화익

5단원

1 희망 배달부

배울 말씀 창세기 8장 1~19절

새길 말씀 저녁때에 비둘기가 그에게로 돌아왔는데 그 입에 감람나무 새 잎사귀가 있는지라 이에 노아가 땅에 물이 줄어든 줄을 알았으며 (창 8:11)

활동1 희망을 전하는 비둘기

활동 내용	만들기	시간	20분	인원	
준비물	어린이용 교재(스티커), 목공풀, 병뚜껑 2개, 나무젓가락, 투명 테이프				
목표	하나님의 사랑을 전해 주는 비둘기의 모습을 기억하게 한다.				
사전 준비와 TIP	① 소리 나는 비둘기를 만들기 위해 한 사람당 2개의 병뚜껑이 필요하다. 인원수를 고려하여 사전에 병뚜껑을 모아 활동을 진행하거나, 단추처럼 두 개가 부딪치면서 소리가 나는 것들로 대체한다.				

활동2 희망을 알려요

활동 내용	신체활동	시간	20분	인원	
준비물	교사용 교재, 어린이용 교재(스티커), 색 테이프, 두꺼운 빨대, 투명 테이프, 풀				
목표	비둘기처럼 희망을 전하는 놀이를 한다.				
사전 준비와 TIP	① 비둘기 비행기를 얼마나 멀리 날려 보냈는지 비교하는 기준으로 교사용 교재의 그림들을 사용한다. 총 4개의 그림 '노아의 배→가족→친구→세계'를 순서대로 일정한 간격으로 바닥에 붙인 후, 각 그림 사이에 색 테이프를 가로로 길게 붙여서 그림 칸을 구분하는 동시에 출발선으로 삼는다.				

함께 기도해요

하나님, 노아에게 작은 잎사귀를 건네며 희망을 전해 준 비둘기처럼, 우리도 한 주간 가족과 주변 사람들에게 희망의 말을 전하며 하나님의 사랑을 알려 줄 수 있도록 도와주세요. 예수님의 이름으로 기도합니다. 아멘.

활동1 희망을 전하는 비둘기

어린이 여러분, 커다란 배 안에 머물러 있었던 노아의 가족과 동물들은 새로운 땅에 식물들이 자라고, 하나님이 말씀하신 때가 될 때까지 기쁨으로 기다렸어요. 이렇게 노아의 가족들이 잘 기다릴 수 있도록 희망을 주었던 '비둘기'를 만들어 보아요.

활동 방법

① **어린이용 교재와 스티커로 비둘기 몸통을 만든다.**

커다란 원으로 비둘기 몸을 만들어 볼 거예요. 원을 반으로 접고, '병뚜껑 붙이는 곳'에 병뚜껑을 목공풀로 붙여 보세요. 두 개의 뚜껑이 부딪치며 소리가 날 수 있도록, 막힌 부분이 보이도록 붙여 주세요. 다 붙인 어린이들은 선생님이 테이프로 한 번 더 고정해 줄게요.

② **비둘기 얼굴을 만든다.**

작은 반원을 반으로 접어 비둘기 얼굴을 만들어요. 비둘기 얼굴에는 뭐가 있을까요? 눈과 부리가 있겠죠? 스티커를 앞, 뒤로 붙여 완성해 주세요.

③ **나무젓가락을 살짝 벌려 비둘기 몸통을 넣고 투명 테이프로 고정한다. 나무젓가락이 손가락 한 마디 정도 앞으로 튀어나오도록 붙이고, 벌어진 부분도 테이프로 감싼다.**

몸통과 머리를 연결하여 비둘기를 완성할 거예요. 몸통을 반으로 접었다가 편 다음 나무젓가락을 살짝 벌려서 끼워요. 얼굴도 붙일 수 있게 손가락 한 마디 정도 젓가락이 튀어나오도록 남겨 두고 테이프를 붙여 주세요. 젓가락의 벌어진 부분도 테이프로 잘 감싸 주세요.

④ **남긴 나무젓가락 앞부분에 목공풀로 비둘기 얼굴을 고정해 완성한다.**

머리를 붙일 위치를 정하고, 투명 테이프와 목공풀로 꾹꾹 눌러 붙여서 비둘기를 완성해 주세요.

⑤ **나무젓가락을 손으로 잡고 위아래로 흔들어 날아가는 비둘기의 모습을 확인한다.**

노아는 세상을 향해 날려 보냈던 비둘기가 파릇파릇한 잎사귀를 물고 왔을 때, 다시 땅을 볼 수 있다는 희망과 언제나 함께하시는 하나님을 느꼈어요. 그 모습을 상상하며 잎사귀 스티커를 붙여 보세요. 이제 나무젓가락 뒷부분을 잡고 위아래로 흔들며 어떤 소리가 나는지 들어 보세요.

비둘기를 통해 전달되었던 희망은 노아와 가족들에게 큰 힘이 되었어요. 비둘기처럼 우리도 희망을 전해 주는 '희망 배달부'가 될 수 있음을 기억하세요. 힘차게 날개를 퍼덕이며 큰 소리를 내는 비둘기처럼, 여러분도 희망의 말을 전하며 하나님의 사랑을 알려 주기를 바라요.

⑥ **기도로 마무리한다.**

활동1 희망을 전하는 비둘기

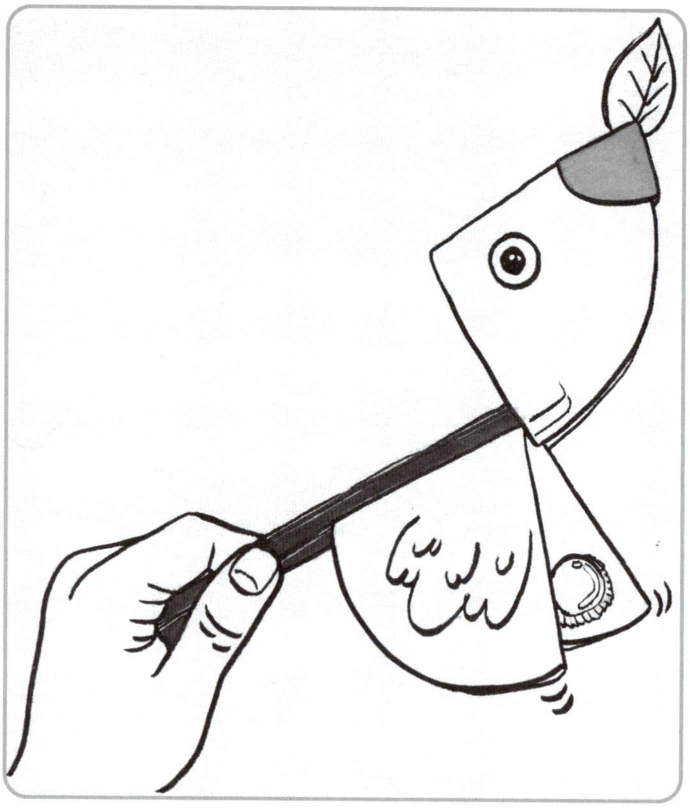

활동2 희망을 알려요

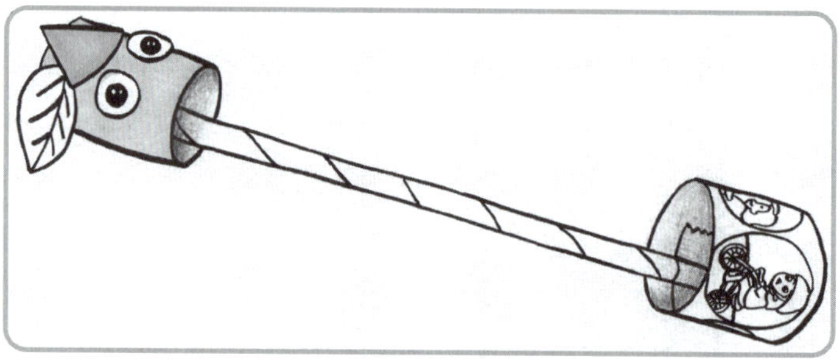

활동2 희망을 알려요

오늘 말씀을 통해 노아에게 새로운 땅을 볼 수 있다는 희망을 주었던 비둘기를 만났어요. 우리도 비둘기처럼 주변 사람들에게 희망을 전할 말들을 생각해 보고 직접 전해 보기로 해요.

활동 방법

① 바닥에 붙어 있는 그림과 선을 보면서 활동 방법을 설명한다.

바닥에 그림들이 있어요. 노아, 가족, 친구, 여러 나라 사람들이 있네요. 그림 중에서 한 사람을 선택하여 희망이 가득 담긴 말을 전하는 활동을 할 거예요. 희망은 엄청 중요해요. 오랫동안 배 안에 있었던 노아와 가족들이 하나님의 신호를 기다릴 수 있게 해 주었거든요. 우리도 '비둘기 비행기'를 만들어 희망의 메시지를 전해 보아요.

② 바닥에 붙인 그림에서 희망을 전하고 싶은 대상을 정한다.

그림 중에 내가 만든 비둘기 비행기를 보내 주고 싶은 사람을 정해 보세요.

③ 어린이용 교재와 빨대를 연결하여 비행기 모양을 만든다. 빨대의 양 끝을 원통 안쪽에 고정하고, 비둘기 눈 스티커를 두꺼운 동그라미에 붙여 비둘기 비행기를 만든다.

도안을 각각 동그랗게 말아 풀과 투명 테이프로 고정해 보세요. 빨대 양 끝에 각각 두고 테이프로 붙여 주는데, 조금 더 두꺼운 원통이 비둘기 얼굴이 될 거예요. 여기에 스티커로, 노아가 만난 비둘기처럼 눈과 부리를 붙여 주세요. 잎사귀도요. 비행기 모양이 완성되어 가네요.

④ 2~3명씩 출발선에서 비둘기 비행기를 날린다. 그리고 전하고 싶은 희망의 말을 한다. 원하는 칸에 날리기를 실패한 어린이는 반복하여 도전할 수 있도록 교사가 격려한다.

이제 비둘기 비행기를 날려 볼 거예요. 출발선에 한 줄로 서서 내 비행기가 어디에 착륙해야 하는지 바라보며 날려요. 그리고 전하고 싶은 희망의 말을 해 보세요. 목표대로 성공한 어린이는 다음 친구에게 자리를 양보해 주세요. 그리고 원하는 대로 착륙하지 못한 어린이는 다시 도전해 보세요.

비둘기 비행기를 날리며 다양한 희망의 말들을 전해 보았어요. 오늘 사용한 희망의 말들을 기억해서 주변 사람들에게도 희망을 전하는 친구들이 되어 보세요. 특별히 우리에게 가장 큰 희망은 '하나님의 사랑'이에요. 하나님의 사랑을 전해서 주변을 따뜻하게 하는 하나님의 사랑의 어린이들이 되어요.

⑤ 기도로 마무리한다.

5단원

2 까마귀의 심부름

배울 말씀 열왕기상 17장 1~6절

새길 말씀 그 시냇물을 마시라 내가 까마귀들에게 명령하여 거기서 너를 먹이게 하리라 (왕상 17:4)

활동1 까마귀 종이접기

활동 내용	만들기	시간	20분	인원	
준비물	교사용 교재, 어린이용 교재(스티커), 플레이콘(1인당 3개), 한입에 먹을 수 있는 작은 사탕들(혹은 비타민)				
목표	까마귀 종이접기로 말씀 장면들을 다시 기억하면서, 우리를 보호하시는 하나님을 생각하게 한다.				
사전 준비와 TIP					

활동2 심부름을 떠나요

활동 내용	신체활동	시간	20분	인원	3~4명
준비물	교사용 교재, 어린이용 교재(스티커), 테이프, 검은색 접시(인원수×3) 키친타월홀더 1개, 가위, 투명 테이프, 칼				
목표	까마귀처럼 엘리야에게 배달을 하면서, 하나님께서 당신의 사람을 때에 따라 돌보시는 모습을 기억하게 한다.				
사전 준비와 TIP	① 검은색 접시로 '까마귀 고리'를 만든다. 1인당 3개를 만들 수 있도록 칼로 일회용 접시 밑바닥 전체를 뚫어 고리 모양을 만들어 둔다. ② 키친타월홀더는 세로로 세워 고리를 끼우는 기둥으로 사용한다. 온라인 몰이나 주변 상점에서 구매할 수 있다. 고리 던지기 교구로 대체할 수도 있다. ③ 교사용 교재 부록에 있는 엘리야와 어린이들 그림을 떼어 점선을 따라 접은 후 키친타월홀더를 감싸듯 둘러서 테이프로 붙인다. ④ 1~2명이 고리를 던지는 활동으로 진행한다. 2명이 함께 활동할 경우, 키친타월홀더를 둘 사이에 두어 양옆에서 하나의 홀더를 향해 던지게 한다. ⑤ 완성한 까마귀 고리를 머리에 왕관처럼 쓰고서, 심부름을 떠난 까마귀 역할 놀이를 추가로 진행해도 좋다.				

함께 기도해요

하나님, 오늘 말씀에서 하나님이 보내 주신 까마귀를 통해 하나님의 사랑과 보호하심을 느꼈던 엘리야를 배웠어요. 우리도 한 주간 함께하시는 하나님을 느끼며 감사함을 고백하는 어린이가 되게 도와주세요. 예수님의 이름으로 기도합니다. 아멘.

활동1 까마귀 종이접기

말씀 속에서 '어떻게 할 까악~' 하고 고민하는 까마귀를 잘 도와준 여러분 덕분에, 엘리야는 보호하시는 하나님을 느끼고 배고픔도 해결할 수 있었어요. 하나님의 말씀대로 심부름을 떠난 까마귀를 기억하며 까마귀 종이접기를 해 보아요.

활동 방법

① 교사용 교재의 활동 방법 사진을 함께 보면서 까마귀를 접는다.
여기 사진들을 보면서 까마귀를 만들어 볼 거예요. 선생님과 함께 천천히 접어 볼까요?

② 완성한 까마귀를 조작하며 움직이는 입을 관찰한다.
까마귀의 양 날개를 부리 쪽으로 모아서 입을 움직이는 모습을 관찰해 보세요. 엘리야는 비록 숨어 있었지만, 무서워하거나 불안해하지 않았어요. 왜냐하면 하나님께서 미리 알려 주셨고, 때마다 음식을 공급해 주는 까마귀를 통해 하나님의 사랑을 느낄 수 있었기 때문이에요.

③ 어린이용 교재의 스티커를 플레이콘에 하나씩 붙인다.
플레이콘에 고깃덩어리 스티커를 붙여 주세요. 그리고 나머지 플레이콘에도 스티커를 붙여서 하나님의 심부름을 시작할 준비를 해 보세요.

④ 플레이콘과 작은 사탕들을 책상 위에 놓고, 까마귀의 입을 움직여 고깃덩어리 플레이콘을 입에 문다.
까마귀는 하나님의 말씀대로 엘리야에게 고기를 배달해야 해요. 종이 까마귀의 입을 움직여 작은 사탕들과 고깃덩어리를 입에 넣거나 꽉 물어 보세요.

⑤ 교사의 설명을 들으며 종이 까마귀로 플레이콘과 사탕을 옮기는 놀이를 진행한다.
엘리야뿐만 아니라 하나님을 믿고 따르는 어린이 여러분도 하나님께서 돌보고 사랑하세요. 여기 있는 달콤하고 맛있는 사탕처럼, 하나님의 말씀으로 우리는 달콤한 행복을 느낄 수 있답니다.

함께 만든 까마귀를 보면서, 하나님의 사랑 안에서 지낸 엘리야도 기억해 보고, 한 주간 함께하시는 하나님을 가득 느껴 보기를 바라요. 그리고 하나님께 "함께해 주셔서 감사해요."라고 고백해 보세요. 여러분의 감사를 하나님께서 기뻐하실 거예요.

⑥ 기도로 마무리한다.

까마귀 종이접기 순서도

❶

부록의 까마귀 접기 도안을 사각 접기 하여 십자 모양이 생기도록 접었다 편다.

❷

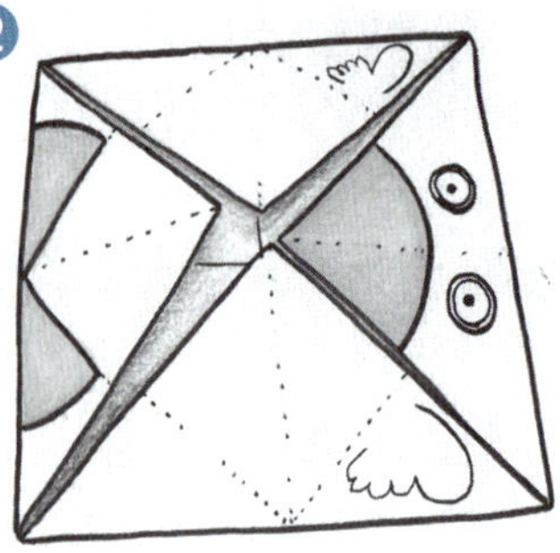

각 모서리가 중앙에 오도록 방석 접기를 한다.

❸

❷를 뒤집은 다음 중앙을 향해 다시 한번 방석 접기를 한다.

❹

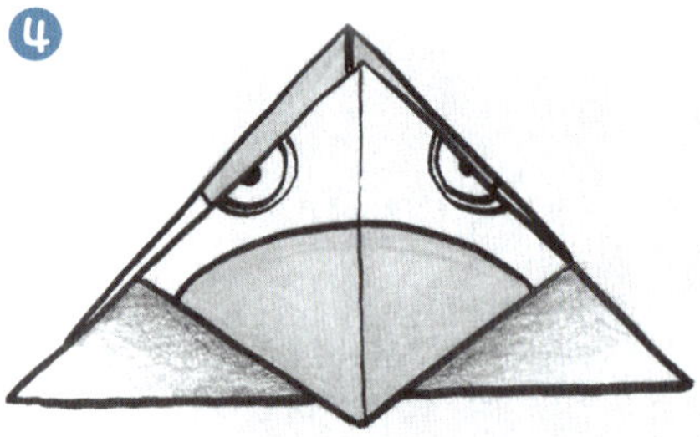

삼각형 모양이 되도록 세모 접기를 하여 접었다 편다.

❺

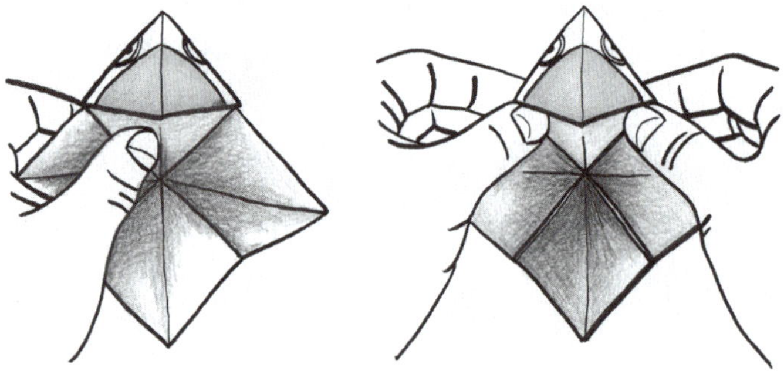

까마귀의 입 부분 사이로 손가락을 넣어 입체 형태의 까마귀 얼굴을 만든다.

❻

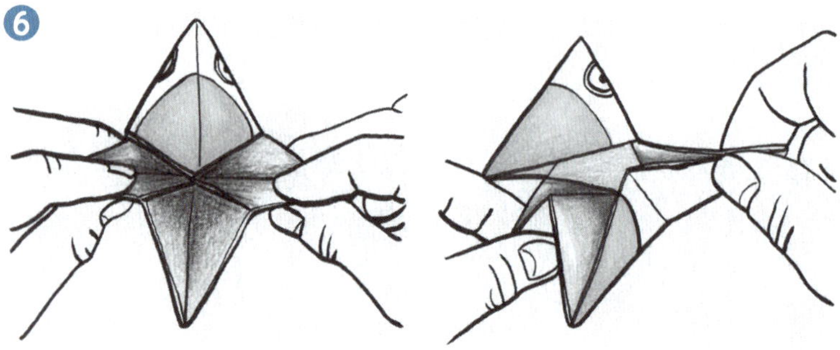

까마귀의 날개 부분이 되는 양쪽 끝을 가로 방향으로 꼬집어 잡고, 안쪽을 향해 밀며 새 형태를 만들어 준다.

❼

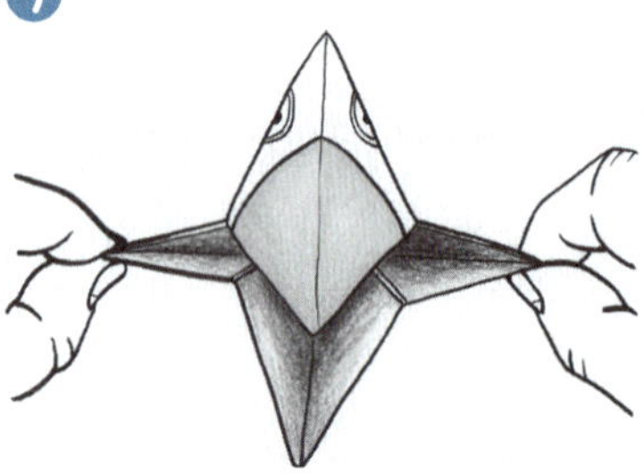

까마귀 완성!

❽

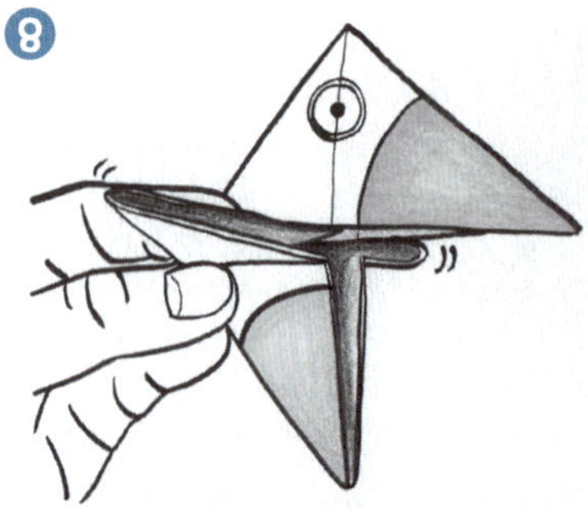

양 날개를 잡아당겼다가 놓기를 반복하며 까마귀 입을 움직여 본다.

활동2 심부름을 떠나요

하나님의 말씀에 따라 심부름을 떠난 까마귀가 배고픈 엘리야에게 고기를 가져다주고, 하나님이 보호하고 계신다는 사실도 느끼게 해 주었어요. 오늘 말씀을 기억하며, 심부름을 떠나는 까마귀를 만들어 놀이해 봐요.

활동 방법

① 미리 준비한 검은색 고리에 스티커를 붙여 까마귀를 만든다. 1인당 3개의 까마귀 고리를 만든다.

검은색 접시에 스티커를 붙여 까마귀를 만들 거예요. 엘리야에게 맛있는 고기를 배달하는 새의 부리와 동그란 눈을 붙여 보세요. 하늘을 날 수 있도록 날개도 붙여 3개의 고리를 만들어 주세요.

② 시범을 보이며 활동 방법을 설명한다.

하나님의 마음을 대신 전하며 당당하게 나아간 엘리야를 보호하기 위해, 하나님께서 저 멀리 시냇가로 엘리야를 숨기셨어요. (키친타월홀더를 가리키며) 저쪽에 엘리야가 있어요. 하나님의 말씀대로 심부름을 떠난 까마귀를 기억하며, 까마귀를 엘리야 가까이에 던져 줄 거예요. (교사가 일정한 거리를 미션으로 제시하며) 여기가 선이에요. 이곳에 서서 3개의 고리를 엘리야를 향해 던져 주세요.

③ 까마귀 고리를 제일 많이 넣은 사람을 가리고, 참여한 모든 어린이를 칭찬한다.

모두 잘했어요. 까마귀를 제일 많이 데려다준 친구가 누구인가요? (확인 후) 열심히 집중한 우리 친구를 위해 박수해 주세요. 그리고 끝까지 함께 활동한 모두에게 서로 격려의 박수를 해 주어요.

(키친타월홀더를 가져와서) 아침저녁으로 고기를 배달해 준 까마귀를 통해 엘리야는 하나님의 사랑을 느낄 수 있었어요. 그 하나님께서 엘리야뿐만 아니라 (반대편에 있는 아이들 그림을 보여 주며) 하나님을 믿고 따르는 어린이 여러분도 안전하게 돌보고 사랑해 주신다는 사실을 기억하며 행복한 한 주를 보내길 바라요.

④ 기도로 마무리한다.

5단원

3 하나님을 만나는 특별한 곳

배울 말씀 요나 1장 1~17절, 2장 10절

새길 말씀 여호와께서 이미 큰 물고기를 예비하사 요나를 삼키게 하셨으므로 요나가 밤낮 삼 일을 물고기 뱃속에 있으니라 (욘 1:17)

활동1 특별한 물고기

활동 내용	만들기	시간	20분	인원	개인
준비물	어린이용 교재(스티커), 칼, 색 접시, 5인치 투명 풍선, 풍선 펌프, 작은 플라스틱 구슬(1인당 5~6개) 유성펜, 두꺼운 투명 테이프(5cm 너비)				
목표	요나가 하나님을 만난 특별한 곳의 모습을 기억하게 한다.				
사전 준비와 TIP	① 투명 풍선 대신 연한 색깔 풍선으로도 진행할 수 있다. ② 작은 플라스틱 구슬은 풍선이 부풀었을 때 소리 효과와 재미를 더해 준다. 풍선 크기를 고려해 지름 1.5cm 이하의 작은 구슬을 이용하고, 삼키거나 다른 장난을 하지 않게 미리 주의를 준다. ③ 색 접시는 1인당 1개씩 만들 수 있게 준비한다. 접시를 반으로 접은 다음 한쪽 면 가운데에 지름 5cm의 구멍을 내고, 반대쪽 면 비슷한 위치에 십자(+) 모양으로 칼선을 낸다.				

활동2 따라가면 달라져요

활동 내용	지면 활동	시간	20분	인원	개인
준비물	어린이용 교재, 풀				
목표	말씀의 내용과 의미를 반복하여 기억하게 한다.				
사전 준비와 TIP	① 어린이용 교재를 미리 뜯어 준비한다. (개인별 봉투 등에 분류하여 섞이지 않도록 주의한다.) ② 참여 어린이들의 수준에 따라서 1세트로 한꺼번에 진행할 수도 있다.				

함께 기도해요

하나님, 요나가 큰 물고기 배 속에서 하나님의 마음을 다시 생각하게 되었던 이야기를 배웠어요. 우리도 하나님을 생각하며 따라가고, 하나님을 만나는 시간을 기억할게요. 하나님의 뜻대로 우리를 이끌어 주세요. 예수님의 이름으로 기도합니다. 아멘.

활동1 특별한 물고기

어린이 여러분, 요나가 커다란 물고기 배 속에서 하나님 말씀대로 따르기로 결심한 모습을 살펴보았어요. 이렇게 요나가 변화된 공간인 물고기 배 속을 함께 만들어 보아요.

활동 방법

① **풍선에 5~6개의 구슬을 넣고, 키위 정도의 크기로 바람을 넣어 최대한 동그란 모양이 되게 묶는다.**
풍선에 알록달록한 구슬들을 조심히 넣어 주세요. 다 넣은 어린이는 선생님께 알려 주세요. 선생님이 바람을 넣고, 매듭을 묶어 줄게요.

② **풍선 위쪽(둥근 부분)에 유성펜으로 요나의 모습을 작게 그린다.**
큰 물고기 배 속에 있던 요나의 모습을 생각하며, 풍선 가장 둥근 윗부분에 기도하는 요나의 모습을 그려 보세요. 작게 그리는 게 좋아요.

③ **풍선의 매듭 주변을 두꺼운 투명 테이프로 감아 붙인다.**
풍선의 매듭 주변을 두꺼운 투명 테이프로 칭칭 감아 주세요.

④ **미리 준비한 색 접시(큰 물고기)의 십자 모양 칼선에 풍선 매듭을 안에서 바깥쪽으로 끼우고, 반대편 구멍으로 풍선이 볼록하게 나올 수 있게 한다.**
접시 물고기에 풍선을 넣어 고정할 거예요. 접시에 있는 십자 모양 칼선에 풍선의 매듭 부분을 끼워 주세요. 그리고 앞면에 있는 구멍 사이로 풍선이 살짝 나오게 해 주세요.

⑤ **풍선 매듭이 빠지지 않도록 잡아당겨 투명 테이프로 고정한다.**
풍선 매듭이 빠지지 않도록 조금 세게 잡아당겨서 테이프로 고정해 주세요.

⑥ **입과 꼬리지느러미 스티커로 접시의 두 면을 감싸 붙여 풍선이 빠지지 않도록 고정한다.**
접시에 스티커를 붙여 진짜 물고기처럼 꾸며 주세요. 동그란 눈도 붙이고, 뻐끔뻐끔 입, 헤엄을 잘 치게 도와주는 지느러미도 붙여 주세요. 접시가 벌어지지 않도록 잘 붙여 주세요.

⑦ **풍선을 손으로 움켜쥐면서 물고기 배 속의 요나가 움직이는 것을 관찰한다.**
커다란 물고기가 완성되었네요. 풍선을 손으로 꽉 움켜쥐면 풍선이 커지면서, 우리가 그렸던 기도하는 요나의 모습이 달라져요.

물고기 배 속에서 요나는 자기 마음대로 했던 지난날의 모습을 뉘우치고, 이제 하나님 말씀대로 따르기로 결심했어요. 어린이 여러분도 이런 요나의 모습을 기억하며, 한 주간 나만의 특별한 기도 시간을 마련해 하나님을 기억하는 친구들이 되기를 바라요.

⑧ **기도로 마무리한다.**

활동2 따라가면 달라져요

오늘 우리는 자기 마음대로 행동하던 요나가 물고기 배 속에서 하나님을 따르기로 다짐하는 모습을 보았어요. 이처럼 오늘 말씀에는 여러 가지 달라지는 모습들이 나와요. 활동을 통해 한 번 더 말씀을 기억해 보아요.

활동 방법

① 미리 뜯어 준비한 교재를 나누어 주고 확인한다.

게임판, 5장의 미션 종이, 5장의 그림 카드가 필요해요. 확인해 보세요.

② 미션을 따라 게임판에서 그림을 찾아보며 게임을 진행한다.

미션 종이의 지시를 따라서 게임판의 빈칸에 그림 카드를 채우는 활동이에요. 미션 종이 한 장으로 선생님과 함께 연습해 볼까요? 미션 종이의 왼쪽 그림이 게임판 어디에 있는지 손가락으로 가리켜 보세요. 그다음에 화살표 방향대로 세 번 이동한 후 그 칸에 미션 종이 오른쪽 그림과 똑같은 그림 카드를 찾아 놓아 주세요. 자, 이제 다른 미션 종이로도 차례차례 도전해 볼까요?

③ 게임을 원활히 진행할 수 있게 교사가 도와준다. 5개의 미션을 끝내면 알맞은 자리에 그림 카드를 놓았는지 살펴보고, 그림 카드 뒤에 풀칠하여 게임판에 붙인다.

미션대로 그림 카드를 잘 놓았는지 우리 함께 확인해 보아요. (교사의 교재를 이용해 한 번 더 미션 종이대로 그림 카드를 붙이거나, 미리 정답으로 붙여 둔 게임판을 보여 준다.) 이제 그림 카드들을 게임판에 풀로 붙여 주세요.

④ 미션 종이를 살펴보며 말씀 내용을 기억할 방법을 소개한다.

미션 종이의 그림들로 오늘 배운 말씀 내용을 기억할 수 있어요. 미션 종이 뒷면에 있는 이야기를 읽어 줄게요. 앞면 그림을 보면서 들으면 말씀이 더 잘 기억날 거예요.

요나는 자기 맘대로 하겠다며 길을 떠났지만, 하나님이 보내신 큰 물고기 배 속에서 하나님의 마음을 다시 생각하게 되었어요. 그렇게 달라진 모습을 우리는 재미있는 게임을 하면서 살펴보았고요. 우리도 하나님을 따라가고 생각해야 해요. 하나님을 생각하고 만나는 시간을 통해 하나님이 이끌어 주시는 대로 기쁨으로 나아가는 친구들이 되기를 바라요.

⑤ 기도로 마무리한다.

무섭지 않아요

4 5단원

배울 말씀 다니엘 6장 10~17절, 20~23절

새길 말씀 이에 왕이 명령하매 다니엘을 끌어다가 사자 굴에 던져 넣는지라 왕이 다니엘에게 이르되 네가 항상 섬기는 너의 하나님이 너를 구원하시리라 하니라 (단 6:16)

활동1 언제나 하나님을 기억해요

활동 내용	만들기	시간	20분	인원	1~5명
준비물	어린이용 교재, 할핀, 색 펜				
목표	하루 동안의 자기 모습을 떠올려 보며 매 순간 하나님께 기도할 수 있음을 알게 한다.				
사전 준비와 TIP	① 자기 얼굴을 색 펜으로 그리는 대신, 사진을 동그랗게 오려 붙여도 좋다.				

활동2 사자의 입을 막으셨어요

활동 내용	만들기	시간	20분	인원	1~5명
준비물	어린이용 교재(스티커), 나무집게(1인당 12개), 투명 테이프, 어린이용 마스크 1장, 가위				
목표	무서운 사자굴에서 다니엘을 지키시고 함께하신 하나님을 기억하게 한다.				
사전 준비와 TIP	① 칼선이 잘못 찢어질 수 있으므로 어린이용 교재를 미리 뜯어 준비한다. ② 나무집게로 사자의 갈기를 표현한다. 나무집게는 너비 1cm 이상 크기로 구입하여 글자 스티커를 미리 붙여 둔다. 스티커가 잘 고정되도록 투명 테이프로 한 번 더 감싼다. ③ 나무집게 구입이 어려운 경우, 너비 1cm의 접착 메모지나 색종이로 사자 갈기를 표현해도 좋다. 이때도 동일하게 8개의 접착 메모지나 색종이를 골라 글자를 붙여 두면 된다.				

함께 기도해요

하나님, 하나님께서 언제나 기도하며 하나님을 기억하는 다니엘을 보호하고 지켜 주신 것을 배웠어요. 우리도 하나님과 더 가까워지도록 기도하며 기억할래요. 다니엘처럼 하나님과 함께 일주일을 잘 보낼 수 있도록 도와주세요. 예수님의 이름으로 기도합니다. 아멘.

활동1 언제나 하나님을 기억해요

어린이 여러분, 말씀 속에서 다니엘은 언제나 하나님을 기억하며 시간을 정해 두고 매일 기도했어요. 하나님은 그렇게 기도하는 다니엘을 무서운 사자굴에서도 아무 일 없이 지켜 주셨어요. 우리도 언제나 하나님을 기억하며 기도하기를 다짐하면서 만들기를 해 보아요.

활동 방법

① 큰 동그라미에 그려진 하루 동안의 모습을 보며 이야기를 나눈다.

커다란 동그라미에는 어린이 여러분의 하루 모습이 그려져 있어요. (그림들을 하나씩 살펴보며) 매일 그림과 똑같지는 않지만, 우리는 아침에 일어나 밥도 먹고, 친구들과 놀이도 하고, 책도 읽고, 목욕도 하고, 참 많은 것을 하며 하루를 보내요.

② 큰 동그라미 위에 작은 동그라미를 올려놓고 할핀으로 고정한다.

큰 동그라미 위에 작은 동그라미를 얹고 할핀으로 고정할 거예요. 동그라미들의 가운데를 잘 살펴보면 작은 구멍이 있어요. 여기에 할핀을 넣어 고정해 주세요. 어려우면 선생님이 도와줄게요.

③ 작은 동그라미에 그려진 빈 얼굴에 색 펜으로 눈, 코, 입을 그린다.

작은 동그라미에 있는 빈 얼굴에 색 펜으로 기도하는 나의 모습을 그려 주세요. 눈, 코, 입을 그려 내 얼굴을 완성해 주세요.

④ 작은 동그라미의 기도손을 돌리며 하루의 모든 시간 속에서 하나님을 기억할 수 있음을 이야기한다.

하루 동안 많은 일을 하지만, 그 어떤 순간에도 우리는 하나님을 생각할 수 있어요. 기도손 동그라미를 돌리며 확인해 보세요. 밥을 먹을 때도, 잠을 잘 때도, 책을 읽을 때도 하나님을 생각하며 기도할 수 있음을 기억해요. 다니엘처럼요!

하나님께서는 언제나 하나님을 기억하며 기도하는 시간을 지키는 다니엘의 모습을 기뻐하셨고 소중하게 여기셨어요. 그래서 사자굴에 던져지는 위험에 처한 다니엘을 지켜 주셨어요. 어린이 여러분도 다니엘처럼 하루를 살아가면서 하나님을 기억하며, 우리를 지키시는 하나님을 언제나 생각하는 한 주를 보내길 바라요.

⑤ 기도로 마무리한다.

활동2 사자의 입을 막으셨어요

날마다 하나님을 기억하며 기도했던 정직하고 용감한 다니엘이 미움을 받아 사자굴에 던져지게 된 이야기를 들었어요. 무서운 사자들 속에서 하나님이 다니엘을 어떻게 지켜 주셨는지 기억하는 활동을 함께 해 보아요.

활동 방법

① 어린이용 교재를 나눠 주며 하나님이 천사를 통해 다니엘을 보호하신 이야기를 한다. 이야기가 끝난 후 어린이 마스크를 씌워 사자의 입을 막는다.

뾰족한 이빨과 큰 입을 자랑하는 사자의 모습이 보여요. 하나님께서는 사자들이 으르렁거리는 사자굴에서 다니엘이 조금도 다치지 않도록 도와주셨어요. 어떻게 도와주셨는지 기억하나요? 맞아요. 천사를 보내셔서 사자들의 입을 막으셨어요. 마스크 끈을 사자 그림에 있는 칼선에 끼워 고정해 보세요.

② 천사의 손 스티커를 마스크에 붙인다.

천사의 손 스티커를 마스크에 붙이면서, 무서운 사자의 입을 천사를 통해 막으신 하나님을 기억해요.

③ 나무집게로 사자 갈기를 만든다.

사자 얼굴에 있는 색깔과 같은 색 글자 집게를 찾아서 그 자리에 꽂아 보아요. 검은색 동그라미가 있는 부분에는 글자가 없는 나무집게를 꽂아요. (집게를 다 꽂은 후) 어흥! 풍성한 갈기를 뽐내는 무서운 사자가 완성됐어요.

④ 사자 얼굴에 꽂은 나무집게의 글자를 함께 읽는다.

사자 갈기에 숨겨진 글자들을 함께 읽어 보아요. “보호하시는 하나님!”

다니엘은 하나님을 잊지 않고, 하나님이 원하시는 일을 행하는 사람이었어요. 다니엘처럼 하나님을 기억하는 어린이 여러분을 하나님께서 보호하고 지켜 주세요. 이 사실을 기억하며, 한 주간 어려운 일이 생기거나 마음이 힘들 때 함께하시는 하나님을 느끼며 큰 힘을 얻기를 응원할게요.

⑤ 기도로 마무리한다.

6 단원

너의 이름은

주제 **새 이름을 주시다.**

6단원에서는 하나님께 새로운 이름을 받은 이들의 이야기를 들어 봅니다. 그들은 하나님을 신실하게 섬기는 사람들이었기에 자신의 활동과 역할에 적합한 새 이름을 받았습니다.

1과에 등장하는 아브라함의 본래 이름은 아브람입니다. 평생토록 하나님의 뜻을 따라 산 아브람은 99세에 하나님께 새 이름을 받았습니다. '존귀한 아버지'라는 뜻의 아브람에서, '열국(列國)의 아버지' 또는 '수많은 민족의 아버지'라는 뜻의 아브라함으로 이름이 바뀐 것입니다. 아브라함의 아내 사래 역시 '여주인'이라는 뜻의 사라라는 새 이름을 받았습니다(창 17:15).

2과의 주인공 야곱의 이름은 '발뒤꿈치를 잡다'라는 뜻입니다. 그는 형과 아버지를 속여 장자의 축복을 가로챈 후 외삼촌 라반이 있는 하란으로 도망갔습니다. 어느 날 고향으로 돌아가라는 하나님의 명령을 듣고 길을 가던 중 어떤 사람과 씨름을 하게 되었습니다. 그 사람은 야곱에게 '이스라엘'이라는 새 이름을 주었습니다. 이스라엘은 '하나님과 겨루어 이겼다'라는 뜻으로, 이는 그날 밤새도록 야곱과 씨름한 이가 하나님이심을 알려 줍니다. 하나님께서 홀로 밤을 보내던 야곱을 친히 찾아와 이스라엘이라는 새 이름을 주신 것은 아무것도 두려워하지 말고 하나님만 믿고 나아가라는 뜻이었습니다.

3과의 베드로는 예수님의 열두 제자 중 하나로, 본래 이름은 시몬입니다. 베드로라는 이름의 뜻은 '바위', '반석'입니다. 마태복음에 따르면 시몬은 예수님께서 "너희는 나를 누구라고 하느냐?"라고 물으셨을 때 "주님은 살아 계신 하나님의 아들이시며 그리스도, 곧 메시아이십니다."라고 대답했고, 이 일로 예수님께서 그에게 베드로라는 새 이름을 주셨습니다.

4과에서는 예수님의 다른 이름들을 알아봅니다. '예수'라는 이름의 본래 의미는 히브리어로 '하나님(야훼)이 구원하신다'입니다. 예수님의 또 다른 이름인 그리스도는 '기름 부음 받은 자'라는 뜻으로, 히브리어 '마쉬아흐(메시아)'를 헬라어로 음역한 것입니다. 그리스도라는 이름은 예수님이 구약에서 예언된 메시아임을 나타내는 칭호이자, 예수님의 신성(神性)을 강조하는 명칭입니다.

고린도후서 5장 17절

♩= 126

작곡:이화익
편곡:이화익

6단원 1

하나님의 약속을 믿었더니!

배울 말씀 창세기 12장 1~4절, 15장 1~6절, 17장 1~9절

새길 말씀 이제 후로는 네 이름을 아브람이라 하지 아니하고 아브라함이라 하리니 이는 내가 너를 여러 민족의 아버지가 되게 함이니라 (창 17:5)

활동1 아브람에서 아브라함까지

활동 내용	지면 활동	시간	20분	인원	개인
준비물	어린이용 교재, 풀, 폼폼이(1.5cm), 투명 테이프				
목표	하나님께 복을 받은 아브라함의 이야기를 기억하게 한다.				
사전 준비와 TIP	① 만들기가 서툰 어린이들을 위해 미로판을 미리 만들어 활동한다.				

활동2 이름이 바뀌었어요

활동 내용	만들기	시간	20분	인원	개인
준비물	어린이용 교재, 양면테이프 혹은 풀, 색연필				
목표	아브람의 이름이 아브라함으로 바뀐 것을 기억하게 한다.				
사전 준비와 TIP	① 어린이용 교재를 미리 뜯어 두고 활동 순서대로 하나씩 나눠 주며 만든다. ② 풀칠 면에 양면테이프를 미리 붙여 둔다.				

함께 기도해요

하나님, 우리가 하나님의 약속을 믿고 쑥쑥 자라나게 하시고, 하나님이 주시는 놀라운 복을 받으며 살아갈 수 있도록 해 주세요. 어른이 될 때까지 하나님이 함께하시며 우리를 지켜 주시고 복 주세요. 예수님의 이름으로 기도합니다. 아멘.

활동1 아브람에서 아브라함까지

여러분, 갑자기 하나님께서 여러분에게 부모님과 떨어져 살라고 한다면 어떨 것 같아요? 부모님을 떠날 수 있어요? 어린 여러분뿐 아니라 누구라도 갑자기 떠나는 것은 어려워요. 아브람도 마찬가지였을 거예요. 하지만 아브람은 하나님의 부르심에 "네!" 하고 하나님이 말씀하신 곳으로 떠났지요.

활동 방법

① 미리 만들어 둔 미로판을 받은 후 네 모서리를 투명 테이프로 한 번 더 고정한다.

아브람이 하나님께서 말씀하신 곳에 도착하여 살던 어느 날, 하나님이 그를 다시 부르셨어요. 그리고 아들을 주겠다고 약속하셨어요. 미로판 테두리를 투명 테이프로 한 번 더 고정하며 그림들을 하나씩 살펴보아요.

그림 설명

(출발) 하나님이 아브람을 부르셨어요.
아브람이 아내 사래와 함께 살던 곳을 떠났어요.
하나님께서 수많은 별을 보여 주며 약속하셨어요.
하나님께서 사래를 통해 아들을 주겠다고 하셨어요.
하나님의 약속을 믿은 아브람의 이름을 아브라함으로 바꿔 주셨어요. (도착)

② 미로판 안에 접는 선을 따라 벽을 세워 장애물을 만든다.

미로판 안에 장애물 벽을 세워요. 여러 개의 장애물 벽이 생겼어요. 아브람의 새 이름은 무엇이었나요? (어린이들의 대답을 듣는다.) 네, 맞아요. 하나님은 아브람에서 아브라함으로 이름을 바꿔 주셨어요.

③ 미로판 안에 폼폼이를 넣어 주고 활동 방법을 설명한다.

출발점(아브람)에 폼폼이를 놓은 후 좌우로 흔들어 폼폼이가 도착점(아브라함)까지 갈 수 있도록 놀이해요. 오늘 말씀을 기억하며, 그림 순서에 맞게 폼폼이를 출발점에서 도착점까지 움직여 보세요.

하나님은 하나님의 약속을 믿고 오랜 시간 기다려온 아브라함에게 놀라운 복을 주셨어요. 어린이 여러분에게도 똑같아요. 하나님께서 우리를 부르시고 말씀하실 때 믿고 따라서 놀라운 복을 받는 모두가 되길 소망합니다.

④ 기도로 마무리한다.

활동2 이름이 바뀌었어요

하나님의 약속을 믿고 따른 아브람에게 새 이름이 생겼어요. 그 이름은 무엇인가요? 아브람에게 새 이름을 주신 이야기를 기억하며 만들기를 해 보아요.

활동 방법

① 이야기 카드 케이스를 만든다.

아브람의 이름이 무엇으로 바뀌었나요? (어린이들의 대답을 듣는다.) 하나님은 아브라함이라는 새 이름을 주셨어요. 노란색 도안을 접는 선을 따라 접은 후 풀 또는 양면테이프로 붙여서 이야기 카드 케이스를 만들어요. 케이스 안에 뒤죽박죽 그림이 보일 거예요.

② 이야기 카드를 완성하여 그림이 달라지는 것을 살펴본다.

만들어 놓은 이야기 카드 케이스에 연두색 도안을 넣어 주세요. 이때 뒤죽박죽 그림이 보이도록 넣어 주세요. 짠, 이야기 카드가 완성되었어요. 그럼 이제 이야기 카드를 들고 안에 있는 종이를 넣었다 뺐다 하며 그림이 달라지는 것을 살펴보아요. 종이를 밀어 넣으면 하나님의 부르심을 받는 아브람이 나오네요. 종이를 당기면 이름이 바뀐 아브라함이 나오지요.

아브라함이라는 이름의 뜻은 '여러 민족의 아버지'예요. 아브라함은 이름대로 여러 민족의 아버지가 되었어요. 오늘 말씀을 기억하며 여러분도 아브라함처럼 하나님의 약속을 믿어 보아요. 아브라함에게 일어난 놀라운 일이 여러분에게도 일어나길 소망해요.

③ 기도로 마무리한다.

하나님을 만났더니!

2

6단원

배울 말씀 창세기 32장 24~30절

새길 말씀 그가 이르되 네 이름을 다시는 야곱이라 부를 것이 아니요 이스라엘이라 부를 것이니 이는 네가 하나님과 및 사람들과 겨루어 이겼음이니라 (창 32:28)

활동1 엉덩이를 밀치며 씨름해요

활동 내용	신체활동	시간	20분	인원	단체
준비물	호루라기, 간식(혹은 선물)				
목표	야곱이 밤새 힘겨루기를 했던 이야기를 잘 기억하게 한다.				
사전 준비와 TIP	① 시범 교사 2명을 미리 정한다. ② 부서 어린이들이 모두 먹을 수 있는 간식을 선물로 준비한다. ③ 반별 또는 연령별로 팀을 미리 나누어 놓는다.				

활동2 야곱의 이름이 바뀌었어요

활동 내용	만들기	시간	20분	인원	개인
준비물	어린이용 교재, 색연필, 풀				
목표	야곱의 이름이 이스라엘로 바뀌었음을 알게 한다.				
사전 준비와 TIP					

함께 기도해요

하나님, 야곱이 밤새도록 힘을 쓰며 두려움을 이겨낸 것처럼 우리도 두려움을 이겨내며 씩씩하게 자라날 수 있도록 함께해 주세요. 하나님을 믿고 용감하게 살아가는 어린이가 되게 도와주세요. 예수님의 이름으로 기도합니다. 아멘.

활동1 엉덩이를 밀치며 씨름해요

야곱은 얍복강 강가에 혼자 있다가 어떤 사람을 만났어요. 그 사람이 누구인지도 모른 채 힘겨루기를 했어요. 야곱은 아침이 되도록 그 사람을 꼭 붙잡고 놓지 않았어요. 그 모습이 마치 씨름을 하는 것처럼 보였지요. 야곱이 만난 사람은 누구인가요? 바로 하나님이에요. 그 후 야곱의 이름은 이스라엘로 바뀌었어요. 이스라엘은 '하나님과 사람과 겨루어 이겼다'라는 뜻이에요. 오늘 말씀을 기억하면서 옆에 있는 친구와 엉덩이 씨름을 하며 즐겁게 놀아 보아요.

활동 방법

① 교사 두 명이 시범을 보이며 활동 방법을 설명한다.

선생님 두 분이 게임하는 방법을 보여 줄 거예요. 두 사람이 일어서서 뒤로 돌아 엉덩이를 맞대요. 선생님이 호루라기를 불면 상대방 엉덩이를 자기 엉덩이로 밀어요. 이때 균형을 잃고 넘어지는 사람이 지는 거예요.

② 연령별 또는 반별로 나누어 토너먼트 형식으로 진행하여 승자를 가린다.

반별로 팀을 미리 나누었어요. 앉아 있는 어린이들은 같은 반 친구가 열심히 할 수 있도록 응원해 주세요. 두 명씩 짝을 지어 게임을 시작하겠습니다.

③ 시상하고 모두를 격려한다.

엉덩이 싸움에서 끝까지 버텨 승리한 친구가 있어요. 이 친구에게 우리 모두 박수해 줄까요? 선물도 있답니다. 모두 참 잘했어요. 오늘 말씀의 야곱처럼 잘 버텨낸 친구도 있고, 열심히 했지만 게임에 져서 아쉬운 친구들도 있을 거예요. 또한 다른 친구들이 게임을 잘할 수 있도록 응원해 준 친구도 있어요. 승패에 상관없이 여러분 모두 열심히 했기 때문에 함께 먹을 수 있는 간식을 선물로 준비했어요. 모두 함께 맛있게 나누어 먹어요.

야곱이 하나님과 겨루어 이긴 이야기를 생각하며, 함께하시는 하나님을 기억하는 어린이가 되길 소망합니다.

④ 기도로 마무리한다.

활동2 야곱의 이름이 바뀌었어요

어린이 여러분, 형과 만나는 걸 두려워했던 야곱이 이스라엘로 이름이 바뀌었어요. 이제 이스라엘은 형을 만나러 가는 길이 두렵지 않아요. 오늘 말씀을 기억하며 두려워하는 야곱에서 두려움이 사라진 이스라엘로 바뀌는 그림을 만들어 보아요.

활동 방법

① 어린이용 교재를 뜯고 설명한다.

교재에 두려워하고 있는 야곱과 두려움이 사라져 씩씩해진 이스라엘의 그림이 있네요. 두 개의 동그라미를 잘 뜯어 보아요.

② 그림을 색칠한다.

이스라엘이라는 이름의 뜻이 무엇인지 기억나나요? (어린이들의 대답을 듣는다.) 이스라엘은 '하나님과 사람과 겨루어 이겼다'라는 뜻이에요. 야곱과 이스라엘의 얼굴을 색칠해 주세요.

③ 두 동그라미를 서로 끼운다.

파란색 원 위에 분홍색 원을 놓은 다음 파란색 원에 있는 칼선에 ★ 부분을 끼워 넣어요. 이 과정은 어려울 수 있으니 선생님이 도와줄게요. 끼워 넣으면 동그라미 두 개가 겹쳐진 카드가 완성돼요. 이제, 두려워하는 야곱 얼굴(분홍색 원)을 화살표 방향으로 돌려요. 그러면 두려움이 사라진 이스라엘이 나와요. 화살표 반대 방향으로 돌리면 두려워하고 있는 야곱이 나오네요. 화살표 방향과 반대 방향으로 돌리며 바뀌는 그림을 살펴보아요.

야곱의 이름을 이스라엘로 바꿔 주시고 함께해 주신 하나님을 어린이 여러분도 꼭 만나기를 소망해요.

④ 기도로 마무리한다.

6단원

3 예수님께 대답했더니!

배울 말씀 마태복음 16장 13~19절

새길 말씀 또 내가 네게 이르노니 너는 베드로라 (마 16:18상반절)

활동1 베드로 키링 만들기

활동 내용	만들기	시간	20분	인원	개인
준비물	어린이용 교재, 슈링클스 반투명 용지, 유성 매직(12색), 볼 체인(10cm), 슈링클스 전용 오븐 혹은 힛툴, 오븐 장갑 혹은 목장갑, 펀치, 투명 테이프, 가위				
목표	베드로의 고백을 기억하게 한다.				
사전 준비와 TIP	① 슈링클스 용지를 1/4 크기로 잘라서 2장씩 나눠 준다. 모서리가 뾰족하지 않게 가위로 둥글게 잘라 놓는다. ② 슈링클스 용지는 굽고 나면 1/7로 줄어드니 베드로 머리 위에 지름 1cm의 구멍을 미리 뚫는다. ③ 1/4 크기 슈링클스 용지와 볼 체인은 인원수만큼 준비한다. ④ 슈링클스를 구울 때 유해 물질이 나오니 전용 오븐을 따로 사용한다. ⑤ 슈링클스의 거친 면에 그림을 그리게 한다.				

활동2 베드로를 따라 그려요

활동 내용	지면 활동	시간	20분	인원	개인
준비물	어린이용 교재, 색연필				
목표	베드로의 고백을 따라 믿음을 고백하는 어린이가 되게 한다.				
사전 준비와 TIP					

함께 기도해요

하나님, 베드로처럼 예수님을 향해 멋진 고백을 할 수 있는 어린이로 자라나게 도와주세요. 나를 사랑하고 구원해 주신 예수님을 잊지 않도록 나의 믿음을 지켜 주세요. 예수님의 이름으로 기도합니다. 아멘.

활동1 베드로 키링 만들기

어린이 여러분, 오늘 말씀에서 베드로는 예수님께 "예수님은 살아 계신 하나님의 아들이시며, 나를 구원해 주실 분입니다."라고 멋진 고백을 했어요. 베드로의 고백을 기억하며 키링을 만들어 볼까요?

활동 방법

① 베드로 그림에 슈링클스 용지를 올리고 유성 매직으로 따라 그린다.

교재에 있는 베드로 그림에 슈링클스 용지의 거친 면이 위로 오게 올린 후 투명 테이프로 붙여요. 베드로의 멋진 고백을 기억하며, 흐릿하게 비치는 그림을 검정 유성 매직으로 따라 그려요.

② 유성 매직으로 색칠한다.

베드로의 멋진 고백 모습을 잘 그렸네요. 이제 베드로를 색칠해 보아요. 그리고 내가 만든 작품을 기억할 수 있도록 이름도 써요. 이름 쓰는 게 어려운 어린이는 선생님이 도와줄게요.

③ 교재에 있는 글자에 슈링클스 용지를 올리고 유성 매직으로 따라 그린 후 색칠한다.

예수님을 사랑한 베드로를 기억하며 '나도 예수님을 사랑해요'라고 고백하는 마음으로 'I ♡ JESUS' 글자를 따라 그린 후 색칠해요.

④ 슈링클스에 붙어 있는 투명 테이프를 뗀 후 180도로 예열된 오븐에 넣어 1~2분 굽는다.

이제 슈링클스 용지에 붙어 있는 투명 테이프를 떼어내요. 예열된 오븐에 슈링클스 용지를 넣고, 베드로의 고백이 나의 고백이 되길 바라는 마음으로 고백을 따라 하며 기다려요. 예수님은/ 살아 계신/ 하나님의 아들이시며/ 나를/ 구원해 주실 분입니다. (상황에 따라 여러 번 반복한다.)

⑤ 구운 슈링클스를 오븐 장갑(혹은 목장갑)으로 꺼낸 뒤 볼 체인을 연결해 완성한다. 완성한 키링을 가방이나 옷에 착용한다.

여러분이 고백하는 동안 베드로 그림과 'I ♡ JESUS' 글자가 튼튼하게 완성되었어요. 오븐에서 꺼내는 작업은 위험하니 선생님이 할게요. 베드로의 멋진 고백을 기억하며 볼 체인을 구멍에 넣어 키링을 완성해요. 가방이나 옷에 걸고 다니면 멋지겠죠?

오늘 만든 키링을 보면서 예수님을 향한 베드로의 멋진 고백을 기억하는 어린이가 되길 바라요.

⑥ 기도로 마무리한다.

활동2 베드로를 따라 그려요

어린이 여러분, 예수님이 제자들에게 "얘들아, 너희는 나를 누구라고 생각하느냐?"라고 물으셨어요. 제자들은 예수님의 질문에 어떻게 대답했을까요? 오늘 말씀을 기억하며 교재에 있는 그림을 함께 살펴볼까요?

활동 방법

① 파란색 숫자를 차례로 선으로 이어 예수님을 완성한다.

제자들에게 무언가 묻고 계신 예수님의 모습이 보여요. 그런데 예수님 모습이 제대로 그려져 있지 않네요. 파란색 숫자를 순서대로 선으로 이어서 예수님을 완성해 주세요.

② 빨간색 숫자를 차례로 선으로 이어 베드로를 완성한다.

오늘 말씀에서 예수님은 제자들에게 "너희는 나를 누구라고 생각하느냐?"라고 물으셨어요. 쉽게 답하지 못하는 제자들 사이에서 씩씩하게 대답한 제자가 있었지요. 그 제자의 이름은 무엇일까요? (어린이들의 대답을 듣는다.) 맞아요. 베드로예요. 빨간색 숫자를 순서대로 따라 이어서 베드로 그림을 완성해 주세요.

③ 글자를 따라 쓴다.

베드로는 예수님이 누구라고 했나요? (어린이들의 대답을 듣는다.) 베드로는 "하나님의 아들이시며 나를 구원해 주실 분입니다."라고 말했어요. 선생님을 따라 우리도 고백해 보아요. 하나님의/ 아들이시며/ 나를/ 구원해 주실/ 분입니다. (상황에 따라 여러 번 반복한다.) 베드로의 고백을 기억하며 교재에 있는 '하나님의 아들' 글자를 따라 써 보아요.

④ 그림에 표정을 그린다.

베드로의 고백을 들은 예수님의 마음은 어땠을까요? (어린이들의 대답을 듣는다.) 예수님은 베드로의 고백을 듣고 기뻐하셨어요. 예수님 얼굴에 기쁜 표정을 그려 보아요. 씩씩하게 대답한 베드로는 어떤 표정이었을까요? 자랑스러웠을까요? 부끄러웠을까요? 상상해서 표정을 그려 보아요.

베드로는 예수님이 '하나님의 아들이시며 나를 구원해 주실 분'이라고 고백했어요. 베드로의 고백이 우리 어린이들의 고백이 되길 바라요.

⑤ 기도로 마무리한다.

예수님께 고백했더니!

4 6단원

배울 말씀 요한복음 4장 13~15절, 23~26절

새길 말씀 시몬 베드로가 대답하여 이르되 주는 그리스도시요 살아 계신 하나님의 아들이시니이다 (마 16:16)

활동1 나도 고백할래요

활동 내용	만들기	시간	20분	인원	개인
준비물	어린이용 교재(스티커), 볼풀공(5.8cm, 어린이 수만큼), 글루건, 양면테이프, 꾸미기 스티커				
목표	예수님이 누구신지 고백할 수 있는 어린이가 되게 한다.				
사전 준비와 TIP	① 어린이용 교재를 동그랗게 말아 마이크 몸통을 만들고, 그 위에 볼풀공을 글루건으로 붙여 완성한다. 글루건 사용은 위험하므로 미리 만들어 놓는다. ② 어린이용 교재에 있는 스티커 외에 다른 스티커를 구입하여 마이크를 꾸밀 때 사용한다.				

활동2 사마리아 여자의 고백을 기억해요

활동 내용	신체활동	시간	20분	인원	2명
준비물	교사용 교재(스티커), 신문지 5장, 백업스틱(지름 4cm, 길이 30cm) 2개, 색 테이프, 타이머, 호루라기				
목표	예수님의 이름을 기억하는 어린이가 되게 한다.				
사전 준비와 TIP	① 지름 4cm, 길이 30cm의 백업스틱을 2개 준비한다. ② 신문지를 구겨 5개의 종이공을 만든다. 교사용 교재의 스티커를 각각 종이공에 붙인 후 투명 테이프로 감싼다. ③ 색 테이프로 활동 장소 바닥 두 곳에 선을 긋는다. (간격은 3m 정도) ④ 교사 2명이 시범을 보이고 진행자가 심판을 본다. ⑤ 공 전달을 어려워하면 진행자나 시범 교사들이 돕는다. ⑥ '기름 부음 받은 자'를 붙인 공은 7세 어린이들만 하게 한다. (난이도 상)				

함께 기도해요

하나님, 나를 구원해 주신 예수님을 만나게 해 주셔서 감사합니다. 오늘 말씀처럼 우리도 예수님과 이야기하고 싶어요. 또한 친구들에게 예수님의 이야기를 전할 수 있는 용기도 허락해 주세요. 예수님의 이름으로 기도합니다. 아멘.

활동1 나도 고백할래요

어린이 여러분, 사마리아 여자는 예수님이 하나님의 아들이시며 그리스도이심을 알고 '나를 죄에서 구원해 주실 분'이라고 고백했어요. 우리도 예수님이 우리를 죄에서 구원해 주시는 분임을 믿고 고백하는 시간을 가져요.

활동 방법

① 미리 만든 마이크를 하나씩 나눠 준다.

사마리아 여자가 예수님을 만난 뒤 사람들에게 기쁜 소식을 전한 것을 기억하죠? 자, 이건 많은 사람에게 기쁜 소식을 전할 때 필요한 마이크예요. 하나씩 나눠 줄게요. 여기에 오늘 말씀에 나온 예수님 이름의 뜻을 하나씩 배워가며 붙일 거예요.

② 글자 스티커(그리스도)를 마이크에 붙인다.

사마리아 여자는 예수님이 기름 부음 받은 자이신 '그리스도', '메시아'임을 알았어요. 스티커에 있는 글자를 천천히 따라 읽어요. 그/ 리/ 스/ 도 (상황에 따라 여러 번 반복한다.) 이제 글자를 떼어서 마이크에 붙여 보아요.

③ 글자 스티커(메시아)를 마이크에 붙인다.

이번에는 다른 글자를 천천히 따라 읽어 볼게요. 메/ 시/ 아 (상황에 따라 여러 번 반복한다.) 잘했어요. 글자를 떼어서 마이크에 붙여 보아요.

④ 글자 스티커(기름 부음 받은 자)를 마이크에 붙인다.

그리스도, 메시아는 '기름 부음 받은 자'라는 뜻이에요. 천천히 선생님을 따라 글자를 읽어 볼게요. 기름/ 부음/ 받은/ 자 (상황에 따라 여러 번 반복한다.) 글자를 떼어서 마이크에 붙여 보아요.

⑤ 사마리아 여자 스티커를 붙여 마이크를 완성한다.

사마리아 여자는 자신을 죄에서 구원해 주실 예수님을 만났어요. 그리고 사람들에게 그리스도를 만났다고 전했어요. 스티커 중에서 어떤 것이 예수님을 만난 사마리아 여자의 모습을 잘 표현했나요? 찾아서 붙여 보아요. 이제 마이크가 완성되었어요. 완성한 마이크를 들고 선생님을 따라 고백해요. 하나님의 아들/ 예수님은/ 나를/ 구원해 주실 분. (상황에 따라 여러 번 반복한다.)

예수님이 하나님의 아들이시며 나를 구원해 주실 분이라는 사실을 믿고 마음과 입술로 고백하는 씩씩한 어린이로 자라나길 바라요.

⑥ 기도로 마무리한다.

활동2 사마리아 여자의 고백을 기억해요

오늘 말씀에서 사마리아 여자는 예수님을 만났어요. 예수님을 만난 후 기뻐 뛰며 사람들에게 예수님을 만났다고 전했어요. 사마리아 여자가 예수님을 만나 기뻐 뛰었던 모습을 기억하며 즐거운 활동을 해 보아요.

활동 방법

① 교사 두 명이 시범을 보이며 게임 방법을 설명한다.

사마리아 여자가 예수님을 만난 후 사람들에게 전한 것처럼, 우리도 예수님의 이야기를 전해요. 선생님이 들고 있는 다섯 개의 공에는 오늘 말씀에 나온 예수님의 이름들이 적혀 있어요. 함께 따라 읽어 볼게요. (공을 하나씩 보여 주며 읽는다.) 그리스도/ 하나님의 아들/ 메시아/ 구원자/ 기름 부음 받은 자 (상황에 따라 여러 번 반복한다.)

두 명이 짝이 되어 예수님의 이름을 말하며 공을 주고받아요. 이때 손을 사용하지 않고 막대기로만 하고, 표시된 자리에서만 공을 주고받을 수 있어요. 선생님들이 시범을 보여 줄 거예요. 색 테이프가 붙여진 각자의 자리에 막대기를 들고 서요. 먼저 '그리스도'라는 스티커가 붙어 있는 공을 바닥에 놓은 다음 상대방에게 막대기로 쳐서 넘겨주어요. 이때 서로 "예수님은 그리스도!"라고 외치며 주고받아요. 1분 동안 몇 번 전달할 수 있을까요? 먼저 선생님들의 시범을 잘 보세요.

② 게임을 진행한다.

선생님들의 시범을 잘 보았지요? 앉아 있는 어린이들은 다른 친구가 공을 몇 번 주고받는지 선생님과 함께 숫자를 세어 보아요. 자, 호루라기 소리에 맞춰서 시작해 보아요. (정해진 시간이 다 되면 호루라기를 다시 불어 종료를 알린다.) 이번 팀은 ○○번 전달했어요. 잘했다고 박수해 주어요. 공을 바꾸어가며 놀이를 계속해 보아요. 예수님은 하나님의 아들, 예수님은 메시아, 이런 식으로 외치는 말도 다르게 하면서요.

예수님을 만난 사마리아 여자는 '예수님은 하나님의 아들이시며 나를 구원해 주실 분'이라고 고백하고 사람들에게 이 이야기를 전했어요. 사마리아 여자처럼 나를 죄에서 구원해 주실 예수님을 만나고 예수님 이야기를 전하는 어린이들이 되길 소망해요.

③ 기도로 마무리한다.

희망 배달부

그리스도

하나님의 아들

메시아

구원자

기름 부음 받은 자